温州人赚钱风暴

汤司令◎编著

深圳出版发行集团
海天出版社

图书在版编目（CIP）数据

温州人赚钱风暴 / 汤司令著. —深圳：海天出版社，2011.11

ISBN 978-7-5507-0110-6

Ⅰ.①温… Ⅱ.①汤… Ⅲ.①商业经营—经验—温州市 Ⅳ.① F715

中国版本图书馆 CIP 数据核字（2011）第 036159 号

温州人赚钱风暴

WENZHOURENZHUANQIANFENGBAO

执行策划 陈龙海

责任编辑 王 颖

责任技编 蔡梅琴

封面设计 久品轩

整合推广 奥美力文化传媒

出版发行 海天出版社

地　　址 深圳市彩田南路海天综合大厦（518033）

网　　址 www.htph.com.cn

订购电话 0755-83460917（批发）0755-83460397（邮购）

印　　刷 北京兴鹏印刷有限公司

开　　本 787mm×1092mm 1/16

印　　张 16.25

字　　数 220 千字

版　　次 2011 年 11 月第 1 版

印　　次 2011 年 11 月第 1 次

定　　价 35.00 元

自 序

温州，是一座充满活力与激情的城市，一座充满魅力与梦幻的城市，一座充满智慧与故事的城市。温州人以“智行天下”、“善行天下”、“商行天下”而闻名遐迩。我就是在这片商业气息浓厚、充满神秘色彩的土地上土生土长的温州人。

弃学从商

作为普通农民家庭的孩子，小时候一日三餐无以为继。在我的记忆中曾与饥饿相伴，但这并没有成为我痛苦的记忆，反而变成了人生中的一种历练和财富。还记得小时候喜欢玩打仗游戏，玩起来就想赢。我的思维方式是，先看看自己有什么，再想办法选择适合自己的方式获得胜利。所以总是我带领的一方获胜，由此伙伴们就送我一个“汤司令”的称号，而这个称号和这种思维方式一直伴随着我的成长、学习、工作和创业。

到了20世纪90年代，当时的温州是中国民营经济发展的前沿阵地。万丈高楼平地起的景象，对于当时踌躇满志、血气方刚的我来说，犹如当头棒喝，也像是黑暗中的一盏明灯，照亮了前行的道路，为我的人生指明了方向。我感觉到人应该到最能发挥自己优势的地方，去实现自己人生价值的最大化。学校已经不能满足我的发展，于是毅然在1997年从名牌大学退学，那时的我还有两年就可以从大学毕业。

1997年2月，退学不久的我离开家乡来到广州，通过朋友引荐进入一家外企。从市场营销开始，后来接触人力资源和品牌推广的工作。从一个部门申请到另一个部门，所有的部门走了个遍。这是我第一次接触真正的大企业，在这里受到企业文化的熏陶，让我对品牌建设有了深刻认识，为以后对品牌的深入学习、研究埋下了种子。而这里所学到的企业管理知识，成为日后我创业的有力保障。

也许是我骨子里流淌着的都是不安分的情愫，我认为拥有自己的事业才是立身之本和人生追求的目标。于是，又一次朝着自己的创业之路勇敢地迈出了脚步。

从1到100

在温州，创业是一个永恒的话题。然而创业中的酸甜苦辣、坎坷曲折及其所付出的代价，恐怕只有亲身经历者才能深刻体会。从1998年开始，我开始为创业做准备，经过对当时中国市场的考察和对市场前瞻性的预测，感觉到老百姓开始追求服装的美观和时尚。我自认为当时国内的服装行业正处于高速发展的时期，具有广阔的发展前景。于是辞去工作，离开待遇优厚的外企。孤身前往“冰城”哈尔滨，迎接我的是扑面而来的寒风冰雪。哈尔滨的最低气温能达到零下30度，对于南方人而言，气候则成为我到哈尔滨克服的第一个困难。我认为温州人就像蒲公英一样，不屈的意志让我们可以在任何地方都能扎根、发芽。

哈尔滨的冬天寒冷而漫长。为了第一家服装店的选址，我走过哈尔滨的每一条街道，甚至比有些哈尔滨人还了解这里每一条街道。就是在这个冬天我的第一家店开张了，我经营的是国内某服装品牌。在当时消费者对这个品牌还是很陌生的，品牌营销就是终端营销。当时我每天思考的就是如何把它推入市场，并竭尽全力地提高自己的销售额，因此在每天打烊后都要刻苦学习一切关于品牌推广的知识。这时的我可以说白天是商人，晚上是学习者。但是学习对当时的我来说就是一种力量。应该说，那段时间是我最累也最苦的时候，但是那时有一种无法用语言表达的充实感填充着我的整个躯体，觉得自己有用不完的精力。就是这种力量滋润着我的梦想，让我坚持了下来。

第二个冬天，比第一个冬天更寒冷，那时我的服装店也走上了轨道。但是天有不测风云，让我再次面临抉择。当时经营的服装品牌商，提出了非常苛刻的条件。我整整七夜没有入睡，最后还是决定壮士断腕，终止了代理合作。然而，我还是想找一个新的突破口，再次挑战自己。于是，我又一次选择了离开。而且这次的离开，是破釜沉舟，放弃了用两年时间推广的品牌，放弃两年来积累的成果。这时的我第一次有了打造自己品牌的渴望。

离开哈尔滨的第二天，我动身前往广州，然而在那里我没有找到适合的服装品牌。但机会总是在放弃的前一秒出现，所以我无论做什么都会坚持到最后。在温州，我碰到了某服装品牌的老总，在经过几次长谈后，他决定让我来代理这个品牌。让我下这个决定的原因有两条：一是它的服装更适合北方；二是它是一个年轻有活力的品牌。就这样我带着新的品牌回到哈尔滨，决定重新开始。当我把这两年赚的钱全部拿出来后，立即遭到了亲朋好友的一致反对，他们都认为将钱投入一个完全陌生的品牌，无异于将钱扔进大海。但是，我决定的事从来就不会轻易改变，在巨大的压力面前，我还是义无反顾地把钱全投了进去。我将新产品的消费群体定位为青少年，并运用创新的战略和超前的品牌推广手段进行产品推广。很快，这一系列的措施就收到了实效，不但迅速占领了市场，还走上了稳步发展的快车道。2000年，我拿下哈尔滨黄金地段的5家铺面，第二年又拿出全部利润再次投在人流量大的街道抢占店面。就这样，在2005年，我们的店面数量超过100家，我们的品牌成了黑龙江最大的休闲服装品牌。从2005年开始，我们公司赞助了哈尔滨众多高校的大型晚会和爱心活动。

2009年开始，我又走到了一个新的起点，成立了星期七教育科技公司，将校园服装文化品牌向全国推广。我想这是我的二次创业，也是我一直以来的一个梦想，也是想让更多孩子成就更多梦想的梦想……

当我从1到100，在这个风风雨雨的过程，有泪有笑。也就是在这个过程，我结识了众多的温州企业家、温州商人，并对我们温州商人群体有了更感性的认识和深刻的理解。作为一个土生土长的温州人，因为经常听到外面企业家和社会人士对我们这个群体的不同观点，也很想写一本书真实地解读我们温州人这个群体。作为一个对品牌有些认知的策划者，这些年看到故乡的温州的企业面临的众多难处，也想提出一些个人的想法，但愿能给众多面临困境的温州企业提供些许建议。

温州是我的故乡，温州人是我的兄弟姐妹，我深爱着这片土地和这群人，这也是我写这本《温州人赚钱风暴》的最大动机。但愿温州人的创业精神能够影响更多在创业中的朋友们。而温州企业面临的困境，也能给正在转型中的成长型企业提供有益的借鉴。

谨以此为序。

汤司令

2011年10月于北京

目录
CONTENTS

第三部分　困境——温州人该反思了

第十章　温州人面临的六大困境

第四部分　出路——温州人该往何处去

第十一章　温州人的出路一：产业整合

第十二章　温州人的出路二：品牌再造，温州产业的升级

第一部分

奇迹——搅动世界的温州人

◎温州人，从贫穷到富有，从默默无闻到响誉全球，靠得是那股敢为人先、敢想敢干、善于思考、富于变通、自强不息的温州精神。而广为流传的“历经千辛万苦，说尽千言万语，踏遍千山万水，想尽千方百计，挣得千金万银”的说法，更是温州人创富精神的形象写照。

◎温州人被各界称为“东方犹太人”，他们用创富的行动证明自己不仅要学习犹太人，还要超越犹太人。

◎这个世界，没有人是完美无缺的，温州人也是一样。温州人就是温州人，无论是你爱他也好，恨他也好；无论是金融危机也好，也无论是欧债危机和银根紧缩也罢；温州人照样赚他的钱，照样做他的生意，甚至是借钱也在扩张他们的产业！这就是我们所看不懂的温州人，同时也是人们所说的“可怕的”温州人。

◎他们的成功可学习、可借鉴、可复制。学习和领会温州人经商的精神、理念和方法，并灵活运用，假以时日，你也可以创造同样的财富传奇。

第一章 温州人——中国的创富英雄

◎回顾历史，不难看到这样一幅历史图景：20世纪七十代，温州人穷得叮当响，四处流浪求生存；20世纪八十代，温州人把家里弄得叮当响，开始作坊生产；20世纪九十代，温州人在中国响叮当，生意做得风生水起；21世纪初，温州人在世界响叮当，把生意做到世界的每一个角落！

◎温州人执著于赚钱，自立自强，敢想敢干，艰苦创业，永不言败；他们四海为家，敢为人先，有市场的地方就有我，有我的地方就能拓出一片市场；他们白手起家，向世界的每一个角落调动资金和商品。

◎温州企业家群体庞大，行业代表人物众多，分布地域广泛。全国各地，温州企业家军团的身影无处不在；国际市场，温州企业家的足迹遍布五大洲。温州企业家已成为横跨国内、国际两个市场，整合全球资源，推动中国经济崛起的重要力量之一。

温州人，走向世界的东方“犹太人”

有人说，温州人是中国最富有的一群人；有人说，温州人天生就流淌着财富的血液；有人说，温州人是中国的“犹太人”；有人说，温州人是一群可怕的商人；有人说，温州人是最会折腾的一群人！那么，温州人，到底是一群什么样的人？

回顾历史，不难看到这样一幅历史图景：20世纪70年代，温州人穷得叮当响，四处流浪求生存；20世纪80年代，温州人把家里弄得叮当响，开始作坊生产；20世纪90年代，温州人在中国响叮当，生意做得风生水起；21世纪初，温州人在世界响叮当，把生意做到了世界的每一个角落！

温州人，从贫穷到富有，从默默无闻到响誉全球，靠的是那股敢为人先、敢想敢干、善于思考、富于变通、自强不息的温州精神。温州人，从“做别人不屑做的事”到“做别人不敢做的事”，再到“做别人不敢想的事”，最后“做别人做不了的事”；温州人从无到有，从小到大，从弱到强；温州人，从万元户到百万富翁、千万富翁、亿万富翁，一次又一次地完成从小老板到大老板、大企业家的蜕变。而广为流传的“历经千辛万苦，说尽千言万语，踏遍千山万水，想尽千方百计，挣得千金万银”的说法，更是温州人创富精神的形象写照。

走向世界的温州人

“三个犹太人坐在一起，就可以决定世界！”现在也许可以这样说：三个温州人坐在一起，就可以搅动世界。“地球上有鸟儿飞不到的地方，但没有温州人到不了的地方。”俄罗斯的莫斯科、法国的巴黎、美国的纽约、中东的迪拜……在全球各国到处都有温州人的身影，而有温州人的地方就有“温州城”。在中国人眼里，温州人走到哪里，房价就跟着涨到哪里；在外国人眼里，“温州城”开到哪里，竞争就跟到了哪里。温州人，不仅在中国令人叹服，在全世界也都闯出了名气。

《2003年温州市统计年鉴》表明，共有40多万温州人活跃在全球87个国家和地区。目前这个数据，早已过时，据说有近50万温州人在全球从事着各种商贸业务。走向世界的温州人，正在“无孔不入”地影响着世界。

一篇《在美国创造奇迹的温州人》中写道，温州人短时间内在曼哈坦小商品批发区占据半壁江山。这个全美著名的小商品批发市场位于曼哈坦第26街和第30街之间，东到第五大道，西至第六大道，百老汇大道贯穿其中。记者看到，这里路边熙熙攘攘，种族繁多。他们有白人、非洲裔、西班牙裔、韩国人、印度人、犹太人、中东人和华人。销售的商品有皮带和皮包、帽子、围巾和手套、礼品和水晶、打火机、手机带、内衣、内裤和拖鞋等。

熟悉情况的温州人说，这里以前是犹太人的天下，韩国人进来后，犹太人就走了。十多年前中国人和印度人进来后，韩国人逐步迁出。目前，温州人占据这个批发市场的一半，印度人有十分之三的市场，其余才是韩国人的。

温州人被各界称为“东方犹太人”，他们用创富的行动证明自己不仅要学习犹太人，还要超越犹太人。而在有些国家的市场里，温州人却以其独特的做事方式将犹太人挤出了市场。这不得不让犹太商人惊呼：居然还有比我们更会做生意的人！有一篇文章里讲述了温州人是如何成为“巴黎的亚洲新贵”的创业历程。

在法国巴黎，温州移民就有15万人。“寺庙街”是温州人在巴黎最早的据点。现任华侨华人会主席林加者，就是第一个把围巾店开上这条街的人。说起二十几年前的“寺庙街”，有着中法混血血统的林加者笑笑说：那时还完全是犹太人的地盘，我们只能拣人家扔掉的布头。有着商界老大身份的犹太人的地位开始动摇了，因为他们第一次面对做工不要命的温州人。犹太人渐渐开始出卖店铺给温州人，后来温州货的畅销势不可挡，犹太人的店里居然也写上了中文。

从“寺庙街”继续向东，穿过共和国广场，来到地铁美丽城站。沿街铺天盖地的中国超市、餐馆、服装店、理发店招牌，看得人眼花缭乱。美丽城再往东，温州人的店已经火爆延伸至巴黎郊区许多地方。

“温州人赚全世界的钱，全世界为温州人赚钱”，这句话也许有点夸张。但有一个事实却让人无法否认：“当美国人用高科技赚全世界人的钱时，他们身上穿的是温州人做的衬衣，听的是温州人做的半导体，戴的是温州人做的眼镜；早晨唤醒他们的是温州人做的闹钟；吸烟用的是温州人做的打火机。”面对这样的情形，我们再也不得不承认，如今的世界，已经无法离开温州人了，因为世界上的许多人每天都离不开温州人提供的各式各样的产品。

温州人的财富基因

在中国的财富地图中，温州是总能让你眼前一亮的地方。那么，温州人，他们身上到底有什么样的财富基因，有什么样的财富密码？为什么在中国人中，温州人能有独特的财富基因？

俗话说，一方水土养一方人。水土对于人的滋养不仅在于物质和资源的供给，更在于对人的精神的塑造。温州处于浙江省南部，三面环山，唯有东面邻海，另外还有一条瓯江贯穿东西。这独特的自然风土并没有给温州人带来物质上的充裕富足，反而因山水阻隔造成的交通不便和消息闭塞害苦了世世代代的温州人。但贫穷和闭塞激发了温州人一定要走出去，与命运抗争的强烈意识，山的沉稳坚韧和海的辽阔奔涌则赋予了温州人胆子大、能吃苦、不服输、不言败、敢闯敢干、无所畏惧的独特性格。

在几千年农耕文明及“君子不言利”的濡染浸淫之下，在人们谈起钱来还羞羞答答的时候，温州人早已理直气壮、堂堂正正地经商开铺了。在“红顶商人”式的创富路径已俨然成为主流时，温州人则愣是通过“小打小闹”，凭着群体奋斗创造了草根式的财富传奇。

温州人的创富基因，并非源自于偶然，而是有着深厚的历史渊源。温州自古以商业繁华著称，宋本《方舆胜览》记载，温州“其货纤靡，其人善贾”。又有诗曰：“一片繁华海上头，从来唤做小杭州。”可见历史上的温州也是一个繁华的商业都市，其商业氛围也是相当的浓厚。

历史上，曾经影响全国的“永嘉学派”便源自于温州。永嘉学派是南宋时期在浙东永嘉（今温州）地区形成的一个儒家学派。永嘉学派强调商业的重要性，注重务实精神，反对中国传统“重本轻末”、重农抑商的思想；永嘉学派主张“通商惠工”、“扶持商贾”，提出了“以利和义，不以义抑利”的“义利并重”观，是一种典型的儒商思想。

永嘉学派抛弃了传统文化中的“空谈义理”和“君子不言利”的务虚元素，并将商业精神发扬光大，成为温州创业精神和智慧的思想源头，为温州注入了厚重的商业文化基因。永嘉学派的儒商思想，也许就是温州人天生的财富基因。

温州人的草根创富历程

贫穷，曾经是温州人甩不掉的一顶帽子。温州人曾经的贫穷，不是夸大其辞，而是体现在每个温州人的现实生活当中。小时候的我，就深刻体会到那种饿得发慌的穷滋味。温州有一句童谣真实地反映了当年的情景：“平阳讨饭，文成人贩，永嘉逃难，洞头靠贷款吃饭。”

即使到了改革开放初期，温州也不像深圳那样得到国家的大力支持。虽然处在沿海地带，国家也没有什么大的经济投入。但穷怕了的温州人，他们才不管什么国家投不投入，只要有机会，他们就毫不犹豫地洗脚上田，迫不及待地走上创业之路。

他们首先从资金和技术门槛最低的传统手工艺入手，家家户户都干起了手工艺品制作。中国低压电器龙头企业正泰集团老总南存辉20世纪80年代初期是街边的补鞋匠；“中国十大真皮王”之一的奥康集团总裁王振滔20年前是个小木匠……

同时，还有更多的温州人走出去闯世界，从事着像理发、修鞋、卖眼镜、卖服装等别人看不上眼的小买卖。在温州，还有“五把刀子走遍全国”的说法，就是温州人凭菜刀（饮食业）、剪刀

（缝纫业）、劈刀（皮革业）、剃刀（理发业）、螺丝刀（修理业）走遍中国，致富发家。其实这个说法，是千真万确的。大部分的温州人，靠的就是这“五把刀子”创富成功的。到现在，温州的服装业、鞋业也是全球最有影响力的产业之一。

温州人凭着勤奋、刻苦、坚忍和精明，将温州的产品和买卖遍布全国。从东到西，从南到北，从北京、上海这样的繁华都市，到名不见经传的乡村小镇，到处可见醒目的温州店牌、琳琅满目的温州商品和忙碌的温州人的身影。

小打小闹的小买卖、零敲碎打的小作坊，让温州人迅速积累起了第一桶金。但他们并没有满足，更没有贪图享受。他们一方面扩大再生产，把产业做大做强，做成中国品牌；另一方面，他们把眼光投向了更广阔的国际市场。有了积累之后，敢想敢干的温州人纷纷走出国门，把生意做到了全世界。

现在的温州，不再是当年的穷乡僻壤，而是中国最富裕的地区之一和中国知名品牌云集地、世界知名的制造业基地。

让人爱恨的温州人，在困境中前行

俗话说得好，家家有本难念的经。2008年金融危机爆发后，外贸出口急剧下降，订单骤减，众多温州企业顿时陷入困境。许多中小企业纷纷停产、转产、关门，不少中小企业甚至直接倒闭。金融危机虽然成为过去，然而2011年的欧债危机和美债危机又引发新一轮全球经济困局，再加上国内的银根紧缩和原材料价格上涨，温州人和温州企业又一次处在经济困局的风口浪尖。

这个世界，没有人是完美无缺的，温州人也是一样。现在其他地方的中国人对温州人，可谓是既爱之，又恨之。爱之是因为跟温州人做生意，就有发财的可能。恨之是，温州人这些年不断地炒房、炒股、炒煤、炒蒜、炒油。尤其是温州人炒房，成为众矢之的。坊间流传的温州人炒房故事和版本一个比一个神奇。而助推房价的飚升，成为众多外地人对温州人不满的重要因素。其实，无论是房价还是其他物品的上涨，不能将责任简单推到温州人身上。

温州人就是温州人，无论是你爱他也好，恨他也好；无论是金融危机也好，还是欧债危机和银根紧缩也罢；温州人照样赚他的钱，照样做他的生意，甚至是借钱也在扩张他们的产业！这就是我们所看不懂的温州人，同时也是人们所说的"可怕的"温州人。

在竞争越来越激烈、生产利润越来越低的今天，当你抱怨生意难做时，温州人却依然能把握住这个时代的商机，依然能在全世界赚得更多的财富，依然是当今中国人气最旺的"财富制造商"。因为温州人还是那句话：想尽千方百计，挣得千金万银；更因为赚钱是温州人与生俱来的天职！

温州人的成功，你可以复制

温州人富了，温州人成功了。所有人都在好奇，都在问：温州人凭什么这么富？温州人为什么能赚钱？他们为什么是中国最会赚钱的人？我们是否能像温州人一样发财致富！作为温州人中的一员，我可以负责任地告诉每一位读者，其实我们每一个人，都可以像温州人一样，抓住一切机会创造财富。只不过，成功有早晚，致富有先后。但是，只要你像温州人一样，敢想敢干，不怕艰难险阻，相信你发财致富的梦想，迟早会实现。

其实温州人并没有像传说中的那样传奇，他们曾经也都是洗脚上田的农民，曾经也是小手工业者，他们中的很多人都是裁缝、修鞋匠、下岗工人出身。据统计，温州的民营企业家，绝大多数出身农民，约有90%的温商精英出身寒微。然而，就是这样一群草根农民，抓住了历史给予他们的机遇，成为了先富起来的那一批人。虽然机遇不是天天有，但是每个时代有每个时代的机遇，对于想创富的人来说，机会永远都存在！

温州人创造的财富传奇，并非天赋经营的异禀，并非承继祖荫，也并非背靠什么背景和资源，而是靠着个人的勤奋、勇气、果敢和智慧才成就的。因此，他们的成功可学习、可借鉴、可复制。学习和领会温州人经商的精神、理念和方法，并灵活运用，假以时日，你也可以创造同样的财富传奇。

温州企业家，温州最宝贵的资源

企业家是我们这个时代的英雄，是我们这个时代的稀缺资源。没有企业家群体的快速健康发展，中国经济的全球化和现代化就无从谈起。

改革开放30多年来，放眼全国，让我们去探寻最富草根气息、最富创新精神和冒险精神、最具活力和国际视野、最集中的企业家群体在哪里，你的目光最后一定会落在温州这片神奇的土地上。

温州企业家群体庞大，行业代表人物众多，分布地域广泛。全国各地，温州企业家军团的身影无处不在；国际市场，温州企业家的足迹遍布五大洲。温州企业家已成为横跨国内、国际两个市场，整合全球资源，推动中国经济崛起的重要力量之一。

温州企业家不是一小群、一小片，而是一大片生生不息的人才森林。他们是“温州模式”的实践者和支撑力量，是中国改革开放30多年成就最生动的注脚，是全球化时代中国走向世界的一道令人着迷的风景线。

让我们透过赵章光、南存辉、胡成中、郑元豹、叶康松、王均瑶、郑秀康、王振滔、吴志泽、周成建、邱光和、彭星、钱金波、尤小平、黄伟等这些代表性人物，来掀开温州企业家这个冰山的一角。

红色大亨赵章光

赵章光，1943年9月出生在温州乐清市的一个偏僻山村。现为北京章光101集团总裁、北京市政协委员。他由一个温州偏僻山村的农民，成为亿万富翁，以一种吃苦耐劳、不达目的不罢休的创业精神，创造了一个又一个奇迹。他因发明神奇的101毛发再生精，贡献卓著，而当选为八届全国人大代表和全国劳动模范，先后受到了邓小平、江泽民、李鹏等党和国家领导人的亲切接见，被海内外新闻媒体誉为“红色大亨”。

执著的赤脚医生，发明举世奇方

1968年的春天，赵章光在自家开办了一个小小的诊所。他虽然学历不高，又是赤脚医生，但因为医术不错，得到方圆数十里乡亲们的认可。

一天，一对慕名而来的夫妇带着18岁的女儿来到了赵章光家，恳求赵章光治疗头发脱落的女儿。后来邻村又有两位脱发的女孩找到了他，其中一个女孩都和未婚夫订婚了，婚前不久头发却莫名脱落，男方硬是为此退了婚。另一个女孩是教师，患的是全秃，平时在学校里教书都是带假发，经常被人指指点点。

作为一个医生，赵章光觉得自己有义务和责任帮助他们。于是，赵章光开始了长达6年的艰苦研究，在历经数百次的试验后，终于成功地令研究出了来治疗脱发的药方，并且使很多患者原本光秃的头上长出了头发。这个药方，后来被称为“章光101”，因为为了研制101经历了上百次的试验，几乎耗尽了他的心血和家产。章光101的品牌就是由他的名字和发明的艰难历程寓意而来的。

“章光101”的坎坷之路

有了良方，并不一定就能顺利创业。赵章光发明“101”后，把“101生发酊”装进玻璃瓶，变成了一种产品，但是因为没有批号，在温州赵章光被指为“非法行医”，刚刚想创业的他，遭受打击。

后来，他又想到了与温州的本地医院合作的办法，同样被拒绝。之后，他还不死心，曾经跑到宁波等地，一边在旅馆挂牌行医，一边寻求与医院合作，但面临的仍然是一次又一次的拒绝。无奈之下，赵章光只能回到自己的乡村。

俗话说，天无绝人之路。1985年，赵章光被一则广告吸引住："本店批发、零售护发水，欢迎广大用户洽谈购买。"赵章光立刻给郑州那家商店的经理写信联系合作事宜。很快，对方就回信，愿意合作，并想进一批生发水试试看效果。赵章光喜出望外，立即给对方回复"愿意上门坐诊，无效退款"。这一次合作，不仅让生发水找到了出路，而且因为这位合作伙伴的深度认可，两人决定大干一番，合作建厂生产"101毛发再生酊"。1987年3月，"郑州毛发再生精厂"创立，最初投资只有20万元，投产半年后，就创造了103万元的产值，纯利润24万元。历尽坎坷"101毛发再生酊"终于迎来了它的辉煌起点，而赵章光也终于挖到了人生中的"第一桶金"。

赵章光的辉煌人生

1987年，赵章光带着101参加在比利时举办的第36届布鲁塞尔尤里卡世界发明博览会。赵章光深知自己在参赛经验、语言环境和论证报告等方面都不是强项，再加上西方人对中国的中草药或多或少都存在一些疑虑，因此他找到组委会和评委会，要求与各国产品进行公开的PK，"我们的101可以和任何国家的生发水较量，看谁的产品更有效！"由于治疗效果显著，最终获得了一枚"一级骑士勋章"。

有了这次获得国际大奖的经验之后，1987年至1993年，赵章光曾带着他发明的章光101六次参加世界博览会，共获得了11项国际大奖，以无可辩驳的效果征服了世界，自此章光101被誉为"东方魔水"风靡全球。从此，101产品从国内走向国外，行销60多个国家和地区，为数百万脱发患者解除了痛苦。产品多次作为国礼馈赠外国首脑。

1994年，他以1亿元人民币以上的身家首次进入福布斯中国富豪排行榜，列第16位。鉴于他给社会的贡献，中国天文馆将发现的一颗小行星以他的名字命名。

如今，功成名就的赵章光依然风光不减当年，不仅带着自己的团队发展"章光101"的事业，还另辟蹊径，启动"红豆杉"事业。

温州模式杰出代表：南存辉

与赵章光同是乐清老乡的正泰集团董事长南存辉，连续三度登上福布斯中国富豪榜。1984年，年仅21岁的温州乐清人南存辉投资5万元，与他人一起创办乐清县求精开关厂。1991年，中美合资温州正泰电器有限公司成立。1994年，正泰集团获准组建，成为温州地区第一个低压电器集团。现在，正泰年销售额为150亿元，是中国乃至亚洲低压电器产业的龙头老大。

从小鞋匠到亿万富翁

13岁那年，由于家境贫困又加上父亲意外腿部骨折，南存辉为了照顾弟妹和养家糊口，年幼的他初中没毕业就当上了小鞋匠。

回忆起当年的小鞋匠生活，南存辉说，"三年修鞋虽没赚到什么钱，但它使我懂得了诚实做人的道理，有质量便有市场。同时它也让我明白了，一个人要想有所作为，必须重视从一件件的平凡小事做起，而且任何小事要做好都是不易的"。后来，在修鞋的时候南存辉发现，柳市很多供销员在全国各地揽了很多低压电器业务，开起了众多的前店后厂。于是，他转而搞起了电器行当，开了一个销售电器的小店。

“开始就是你几十块、他几百块钱地投入，钱并不是很多。我和朋友4个人合伙摆了一个柜台，第一个月赚了35块钱，而且自己每天都干到凌晨5点钟，但我很高兴，第一个月就成功了，没有亏本。”南存辉说，“做事业的人不要妄想发横财，要靠心血和汗水来换取。”

开了4年的小店之后，南存辉发现，低压电器行业市场前景很好，光靠自己开个小店面不行，于是想自己办厂。正好这个时候，他的小学同学胡成中找到了他，想跟他一起合伙办厂，于是南存辉与胡成中一起投资5万元，办起了求精开关厂。谁也没有想到，当年一个5万元起步的小小求精开关厂能成就两个中国500强企业——正泰和德力西。

“刚开始办厂其实很难，因为自己什么都不懂。技术不懂、质量不懂，市场在哪里又不知道。没有设备、没有技术、没有人、没有资金，万事开头难，让人伤透脑筋。”南存辉回忆说。然而，就是在这样千难万难的情况下，求精开关厂不断地发展壮大。

后来，由于经营理念的不同和为了各自的发展，南存辉和胡成中决定分开。南存辉创办了“正泰”，胡成中创办了“德力西”。到1993年，正泰的年销售收入达到5000多万元。这时候，南存辉认为正泰要想继续做大，必须进行一次全面的变革。于是，南存辉带领“正泰”走上了联合的资本扩张之路。

创新改革，成就行业龙头老大

1994年，南存辉为了卖东西给美国人，就组织了企业联盟，有30家成员企业。结果南存辉发现在联营中问题百出。最后南存辉向经济学家吴敬琏和周其仁请教，之后，不仅把公司进行了全面的合并，并且采取了一系列的引进人才措施，在集团内推行股权配送制度，将最优良的资本配送给企业最为优秀的人才。就这样，正泰的股东由原来的10个增加到了100多个，南存辉的股份下降至20%多，资产却膨胀了数十倍，同时数十位百万“知本”富翁诞生了。对此，南存辉认为：“分享不是慷慨，对创业者来说，分享是一种明智。”

现在的正泰集团辖6大专业公司、50余家持股企业、800多家专业协作厂，并在全国各地设有2000多家销售公司和特约经销处，在国外设立了5家分公司和30多家销售总代理，产品畅销世界70多个国家和地区。正泰集团综合实力已连续多年名列全国民营企业500强前茅，系中国低压电器行业最大产销企业。

在南存辉身上，不仅体现了温州人的创业和创新的精神，也展示了一个现代企业家高瞻远瞩的胆识和战略思想。南存辉不凡的经历和业绩，使他成为世人公认的“新温州模式”的积极探索者和杰出代表，被誉为“中国新兴民企代言人”，并被《中国青年》杂志评选为“可能影响中国21世纪的中国青年人物”之一。

电器大鳄胡成中

胡成中，现为中国德力西集团董事局主席兼总裁，浙江省人大代表、浙江省工商联副会长、全国工商联执委与浙江大学特聘硕士生导师、世界生产率学院院士。著名民营企业家，在业界有“电器大鳄”、“院士商家”与“企业生态学家”之称。

从小裁缝到电器大鳄

从小家境贫困的胡成中，在14岁那年，因家里无力供养他继续上学了，被迫跟父亲学做裁缝。做裁缝显然不是胡成中的志向，16岁那年，他成为电器推销大军的一员。在推销电器的几年后，他意识到要想赚大钱，必须自己创业办厂。1984年，胡成中与南存辉共同办起了乐清县求精开关厂。

为了使产品质量过硬，胡成中三次跑到上海请专家。最终他选中了上海人民电器厂的退休工程师王中江。但因为当时的温州电器产品名声太烂，王中江不愿去。没办法，胡成中只好主动要求帮他家带孩子、擦地板，晚上就睡在王中江家里的地板上。最后，他用自己的真诚感动了老工程师。1986年，根据王中江的提议，胡成中向亲戚朋友借了30万元，办起了当时国内民营企业第一家热继电器检测室，在温州地区率先领取了原机械工业部颁发的全国工业品生产许可证。由于质量得到了保障，求精开关厂因此得以快速发展壮大。后来，胡成中和南存辉分家。胡成中把新成立的企业取名为德力西，立志"赶超德国西门子"。

胡成中的裁缝理论

胡成中，小时候虽然是被迫弃学做裁缝，但在做裁缝的过程中，父亲曾传给他三件宝。父亲是当地有名气的裁缝师傅，他教导胡成中：百行德为首，一要讲诚信，二要精工细做，三要量体裁衣。胡成中不仅从父亲那里学会了裁剪，而且从父亲独特的裁缝思维中获取了营养。胡成中认为，做企业没有一个制度是永远不变的，它本身就是动态的。"回顾我们德力西创业二十年，正是演绎了这种不断创新、与时俱进的裁缝思维。1984年，我和弟弟胡成国及一位友人三人合伙，只有5万元起家，创办了一个家庭作坊式的企业。凭着能吃苦中苦的意志和毅力，我经过几年的打拼，完成了原始资本积累。这时，我认识到企业要有新发展，家庭作坊已经不适宜，就向原有的三缘（血缘、亲缘、地缘）管理模式提出挑战。1991年，我在乐清同行中率先进行企业联合兼并，组建德力西股份有限公司。又过了3年，德力西的产值突破亿元大关。到这时，我又觉得应该给自己长大的‘孩子’做一件更大的衣服。于是，我在更大范围内兼并、控股同行企业，组建浙江德力西集团。从此，德力西一发不可收，越来越红火。”胡成中说。

现在的德力西集团以生产高中低压电器、输变配电气和工业自动化控制电气为主，同时涉足气动元件、综合物流、交通运输、金融服务、环保工程、再生资源等产业，现有员工14000余人，下属公司70多家，协作企业700多家，资产总额达50亿元，品牌无形资产28.28亿元，综合实力位居中国民营企业500强前列。

“三打”电器王郑元豹

郑元豹出生于温州乐清市柳市镇的一个小山村。“那时候，我们那里很穷，我一直到十几岁都没鞋穿，书也只读了6年”，郑元豹自已回忆说。13岁郑元豹就开始打渔赚钱，为了一天能多挣5毛钱，17岁时又改行去打铁。期间，他还拜师习武，练就了一身好武艺。到18岁的时候，郑元豹已经可以教人习武了。“为了多挣点，我一边打铁，一边教武术。”习武经历使郑元豹对武术始终有一份特殊的感情，现在他仍然担任着中国跆拳道协会的名誉主席。

郑元豹从贫穷的家庭中成长起来，经过持续不懈的努力，终于打造出人民电器集团这个著名的电器企业。郑元豹的人民电器集团2003年产值达86亿元，首次进入中国企业500强。如今，该集团旗下拥有12家全资子公司，85家控股成员企业，800多家加工协作企业以及1800多家销售公司，拥有员工18000多名，产品畅销全球50多个国家和地区。集团总资产达50.99亿元，2005年集团实现工业总产值超

120亿元，名列世界机械企业500强。

打铁打出来的500强企业

1976年，郑元豹用打铁和开武馆赚来的钱，承包了杭州飞鹰机电控制厂，开始了小作坊式的生产。1982年，郑元豹前往上海并购当地一家企业，创办了上海南汇机电设备厂，即现在的上海人民低压电器厂。6年后，回到温州接管了乐清人民低压电器厂。随后，郑元豹的“大鱼吃小鱼”的速度越来越快。仅1996年就收购温州66家电器企业，1999年又收购上海34家国有企业。2001年收购全国同行业排名第二的江西变电设备总厂。习武出身的郑元豹似乎是吃了“熊心豹子胆”，在经营企业的30多年中，他以疯狂的姿态先后并购近百家企业，足迹遍布中国的大江南北，可谓“打遍天下”。

当时，郑元豹在素有“中华机电一条街”美誉之称的上海市北京东路465号买下了3000平方米的行政办公楼盘，紧接着又斥资1.2亿元建设完成了占地200亩的“人民上海工业园”。这在当时很多人看来十分冒险的行动，恰恰奠定了今天人民电器行业地位的基础。

目前，人民电器集团旗下拥有12家全资子公司、85家控股成员企业、800多家加工协作企业以及1800多家销售公司，产业横跨能源、城市化建设、现代物流、造船业、商贸以及进出口贸易、投资、电子信息技术等多元领域。郑元豹还规划将把人民电器旗下的5家子公司上市。

跨国企业家叶康松

叶康松出生在浙江省温州市永嘉县一个农民的家庭。从农家子弟到军人、到镇委书记、到改革人物、到跨国企业总裁，这是他不同寻常的人生轨迹。而叶康松的这条“不寻常路”，恰恰体现了温州人敢闯、敢干、敢为天下先的典型性格。

1986年，叶康松辞去永嘉县上塘镇委书记的职务，创办瓯北水果试验场，成为温州第一个下海的干部，被新闻媒体称作“弃官下海第一人”、“改革时代弄潮儿”。

1990年，叶康松去美国洛杉矶考察，他被这里繁荣的商业气氛所深深吸引，突发了奇想：“中国货，美国卖”。1991年1月，作为经中国批准的第一家在美国注册的私营企业，叶康松在美国成立了“康龙公司”。然而在他之前，美国的打火机市场被日本人和韩国人垄断。但是，叶康松就是有股不服输的劲头，他想尽办法，第一次就组织了上百万只打火机进入美国，立即产生了轰动效应。这些打火机造形奇特前卫，很讨美国人的喜欢，成了市场上的抢手货。叶康松于是一跃成为美国最大的打火机进口商。而“康龙公司”也因此快速地发展起来，成为“康龙集团”。

在尝到温州出口生意的甜头后，叶康松又进一步将美国的花旗参出口到中国。1995年4月1日，康龙集团的第一家威斯康辛州花旗参专卖店——美国康松西洋参专卖店在温州开业，威斯康辛州副州长麦克伦特地率代表团前来剪彩。不到一年，康松西洋参专卖店就在浙南地区发展到了78家。到1997年，康龙集团已成为中国大陆最大的花旗参进口商，连锁专卖店达到了105家。在引进威州花旗参的同时，康龙集团还引进了美国名牌化妆品“康蕾尔”系列，以杭州为销售中心，推向全国各大城市，同样也取得了成功。

叶康松和他的康龙集团通过自身不懈地努力，获得了巨大的成功，并赢得了广泛的好评。叶康松先后得到了加州州长威尔逊的高度赞扬，并获得了威斯康辛州政府颁发的特别嘉奖令；在加州，他还被评选为美国百名杰出华人。1996年2月19日，在亚裔工商人士新春见面会上，还得到了克林顿的高度好评。美国主流媒体《洛杉矶时报》称赞他是华人在美国成功创业的典范。

胆大包天王均瑶

王均瑶，1966年9月15日出生在浙江省温州市苍南县大渔镇，少年辍学从商，因其敢于创新，成为中国民航史上私人包机的第一人，赢得了"胆大包天"的美誉。王均瑶抱有远大的人生梦想，他大胆开拓，勤奋努力，从一名普通的温州青年，成为受人称赞的优秀企业家。然而正当他事业辉煌之际，由于过度劳累，于2004年11月7日不幸病逝，成为温州企业群体中的一大遗憾。

1991年7月28日，25岁的温州苍南小伙王均瑶改写了中国民航的历史。他第一次包机从长沙起飞到温州。后来，王均瑶承包了长沙—温州的航线，成为中国民航史上私人包机的第一人，也为他赢得了"胆大包天"的美誉。之后，他又包下全国400多个航班，并成立了全国第一家私人包机公司。2002年，均瑶集团入股武汉航空公司，开创了民企进入国家民航主业的先河。

1993年，"在一杯牛奶强壮一个民族"的感召下，王均瑶投身乳业经营，在全国建立乳业生产基地，销售网络遍及全国，逐渐做大了乳业的均瑶品牌，同时涉足宾馆业、出租车服务业。

1999年，他到上海发展，在浦东征地200亩，建设均瑶集团总部。2002年，在上海肇嘉浜路买下大楼，重新改造，命名为上海均瑶国际广场，成为上海首座以民营企业命名的甲级商务楼。又在湖北宜昌开工建设宜昌均瑶国际广场。接着，又收购了无锡商业集团。

王均瑶的创业经历富有传奇色彩，温州人敢为天下先的精神在他那里得到淋漓尽致的体现。2004年王均瑶因结肠癌英年早逝，但他的“胆大包天”却在温州改革开放史上留下了浓重一笔。

美国《纽约时报》曾评价说：“王均瑶超人的胆识、魄力和中国其他具有开拓和创业精神的企业家，可以引发中国民营经济的腾飞。”

中国真皮领先鞋王：郑秀康

郑秀康，康奈集团董事长。1947年出生，浙江温州市人。对许多人来说，康奈就是中国最好的皮鞋的代名词。在多达2万多家鞋企的中国制鞋业，它是最早的两个“中国真皮领先鞋王”之一，是第一个在国外开设皮鞋专卖店、最早获得“中国质量奖”的制鞋企业。

1961年，15岁的郑秀康初中毕业后到集体企业温州市通用机械厂求职。当时和他一起去的有18个人，他年龄最小。但是他们面临的一道农村最常见的考题：就是种菜。结果，有些人种的菜只有百分之七八十成活，只有郑秀康种的菜全都活了。可见，郑秀康，虽然年龄小，但做起事来极其认真和有头脑。

33岁拜师，45天出师

1979年，为了改变家庭的经济状况，33岁的郑秀康才开始当制鞋学徒。由于年龄太大，当时比他小几岁的师傅对他说：你不要学了，我只招十五六岁的学徒，学起来很难，而且最起码要3年才能出师的。但是，由于现实所迫，郑秀康对师傅说：“我得养活一家人，教我吧，我能行的！”他的诚心最终打动了师傅。

当时郑秀康白天要在工厂里上班，只能晚上偷着学习制鞋技术，经常熬夜到天明。就这样，他还是凭借做机械工十几年的经验，只用45天的时间就完整地做出一双皮鞋。1979年9月28日，他自己试做成了第一双皮鞋。师傅拿着徒弟的第一双皮鞋，细细端详审视良久，满意地笑了，说了一句："你真行啊！"。

从此，他把自己做的鞋子送到温州市区鞋店代卖。经过几次交往，鞋店老板对他做的鞋十分认可，并告诉郑秀康：别人的鞋子给14元，你的就给16元吧，我给你包销。一个刚出道的新人制做的鞋子竟然比师傅的鞋子卖得贵，这也许是他能成为鞋王的原因吧。

1980年，郑秀康决定全力投入制鞋业。他向工厂提出停薪留职。1985年，国家允许个体户办厂的文件上午传达，下午他就去注册了鸿盛皮鞋厂，并注册了鸿盛商标，鸿盛皮鞋很快进入了杭州、上海等大城市。

引进国际化生产线，成就"真皮领先鞋王"

1989年，他又踏上了被誉为世界鞋都的意大利，希望找到国际最先进的制鞋工艺。他下定决心，要改变中国制鞋现状，修筑一座以质量为基础的现代化鞋业长城。

1989年春，他把皮鞋厂改名为长城鞋业公司。1989年，郑秀康改造制鞋装备，由两个人造一双鞋，变为280个人造一双鞋；由低档产品为主转为生产高档皮鞋，与国际接轨。

1990年，他投入120多万元着手搞技改，创出了温州第一条机械化流水线，并于第二年注册了人头像商标，其寓意是希望温州人将头抬起来。

1993年下半年，北京王府井、西单商场、上海第一百货等打出横幅，欢迎中国十大鞋王进店。康奈成为第一家进驻全国商场的温州皮鞋。

用25年的创业历程为温州鞋革业创立了许多个“第一”的温商，屡次令人刮目。

曾在1996年为温州鞋业获取了第一个“真皮鞋王”的桂冠。

1999年，背回了浙江鞋业第一块“中国驰名商标”的金牌。

2001年6月，郑秀康董事长亲赴意大利罗马为康奈专卖店剪彩……迄今为止，已有近20家康奈专卖店在海外营业。

2002年，他又捧回了温州鞋业第一个“真皮领先鞋王”的荣誉称号。

中国鞋王：王振滔

王振滔，1965年出生，现任奥康集团有限公司董事长兼总裁。曾当选为第15届“中国十大杰出青年”，在中国民营企业家中第一批荣获“全国五一劳动奖章”，并荣获“中国民营工业企业行业领袖”、“中国民营经济十大风云人物”、“中国慈善特别贡献奖”等多项殊荣。

小木匠的卖鞋经历

王振滔出生在温州永嘉县的一个农村家庭，家境一贫如洗，随着3个弟妹的出生，家庭更是困难，连吃饭都常常朝不保夕。1982年，读到高一、身为长子的王振滔主动退学，为撑起这个家而外出学做木匠。

1985年，王振滔做起了电器和阀门产品的推销，后来他又从温州进了一批皮鞋，运到他曾经做木匠的湖北鄂州。在湖北起初因为租不起店面，非常失落。然而，一个偶然的机会，他捡到了招待所同室的十几万元现金，并且分文不差地还给了对方。真可谓是好心有好报，对方为报答他，帮忙联系到了当地的商场经理，让他租到了一节半柜台。由于善于经营，王振滔在两年内赚到了不少钱。

一把火烧起鞋王的远大志向

然而，天有不测风云。1987年8月8日，杭州市武林门广场，5000多双从各地查抄而来的劣质温州皮鞋被付之一炬。一夜之间，温州皮鞋成了“纸板鞋”、“礼拜鞋”的代名词。

而王振滔那柜台里价值20多万元的真皮鞋，也因为产自温州，被强行没收。王振滔想不通，自己卖得好好的真皮皮鞋，怎么就变成伪劣产品了呢？更让他想不通的是，有关部门竟然以5元一双的低价处理查抄来的温州鞋。这一次烧鞋事件不仅让王振滔的积累化为乌有，更重要的是他发现自己已经无法在当地代销温州鞋了。然而就在此时，鞋王王振滔立志卧薪尝胆，决定狠抓质量，制造出一流品牌的温州鞋。

1988年，王振滔回到了家乡温州，看到昔日繁华的温州鞋业变得惨淡不堪，他的内心十分凄凉。但他决定用行动去改变这一切。因此，王振滔用仅剩的3万元钱创办了永嘉奥林鞋厂，从此走上了鞋王的创业之路和为温州鞋业的雪耻之路。

由于资金投入少，最初的鞋厂，只有一台制鞋机，三个合作伙伴和几位手艺精良的制鞋师傅。1989年1月，奥林鞋厂正式成立了。但这个鞋厂因为有“奥林”两字，没办法注册。因此，后来王振滔把企业更名为“奥康”。

重塑温州鞋业品牌

当大家都在极力回避“温州制造”的时候，王振滔却毅然决然在自己的产品上打上了“温州制造”的字样！并且带着自己生产的鞋重新回到了武汉。当时的温州鞋，已经很难得到大家的信任，武汉大小商场一律拒绝与他合作。后来，王振滔好不容易以试销的方式，把鞋子摆进了汉阳一家商场的鞋柜，结果半个多月也没卖出一双。

面对如此情形，王振滔急得团团转，最后想出一招，干脆在柜台前贴出告示："这不是该被火焚的温州皮鞋，而是经久耐穿的皮鞋，保质期6个月，出现质量问题，以一赔二。"此招一出，果然有一位顾客在思量很久后买了一双。转忧为喜的王振滔立刻递过一支笔对他说："请留下您的通信地址和姓名，您将是奥康永远的荣誉顾客。奥康将来能做大的话，您将永远免费穿奥康！"

没想到这件事被媒体得知后，进行了大篇幅报道。此后，奥康皮鞋成为武汉地区最畅销的皮鞋，原来那些拒绝合作的商场也主动要求进货。这时，王振滔仍然以租赁专柜的形式连续进驻了武汉市区的数家商场。为了满足市场需要，1991年，王振滔还进行了大规模的生产扩建。1992年，奥康销售额就突破了1000万元。

变革家族管理，引进高端人才

企业发展到一定阶段，家族制的管理模式极大地制约了企业的发展。为此，他郑重提出：把股东"所有权"与企业经营管理权分离，股东不再参与企业管理，亲属撤出企业高管层，大批引进优秀人才。王振滔的这一变革提议遭到所有人的抵制，有人大骂他"六亲不认，卸磨杀驴"。然而，为了企业的长远未来，他还是痛下决心，"杯酒释兵权"，引进高端人才。

经过改制后的新奥康的管理层里，彻底地解决了家族管理问题。王振滔亲赴上海、广东、四川等地以优厚的待遇招聘了100多名专业技术管理人才，建立起了一流的现代企业组织架构，为奥康的长足发展奠定了坚实的基础。

狠抓质量，誓造名牌

经过武林门事件，王振滔深知质量就是企业的生命。1999年王振滔投入3000多万元率先引进6条世界一流的生产线。在奥康，所有人都知道，质量永远是第一位的。因为，他们的老板王振滔对产品质量的追求高于一切。

有一次，因为包装工人一时疏忽，误将一双待返修的皮鞋装箱入库。检验员发现此事，立即向厂方报告。王振滔马上严令拆包逐双检查，绝不让有疵点的产品流入市场。然而，动作晚了一步，这双鞋已经发往湖北，很可能混进了商场的货架。王振滔责令有关人员立刻发电报，一定要把这双鞋从湖北追回来！直到他亲眼看到了这双鞋，才松了一口气。现在，这双鞋就陈列在奥康集团企业形象展示中心，成为对职工进行质量意识教育的绝好教材；王振滔千里追鞋的故事，也铭记在每个职工的心里。

又一把武林大火，一雪前耻

武林门事件，于王振滔来说是一种难忘的痛。而对于温州人和温州鞋业来说，同样是一段抹不去的伤痛。无数温州人都跟王振滔一样，梦想着有机会一雪前耻。

1999年12月中旬，杭州举办“中国鞋都温州名优鞋展销会”。王振滔借此机会把各地收缴上来的2000多双假冒奥康的“李鬼”鞋，运到杭州近郊集中焚毁。武林门又一次大火烧鞋，只不过这次烧的是假冒奥康的鞋。

看着熊熊大火，王振滔激动地说道：“这一天我盼了10多年，等了10多年，今天终于等到了！”在展销会上，奥康等温州品牌鞋大获成功，5天展期销出皮鞋3.3万双，参观人员突破30万人次，温州鞋类企业共签下6800万元的订货合同。

现在的王振滔说自己现在的梦想是，某一天能站在月球上看到地球上各种不同肤色的人穿着奥康皮鞋走来走去。他说，要实现梦想的话，可以用一句话来概括：你想，梦想就离你很远，但如果你走，梦想就离你很近。

“报喜鸟”吴志泽

吴志泽，1960年9月28日出生于温州永嘉，现任报喜鸟集团董事长、中国服装协会副会长。1980年开始创办服装企业，连续九年被评为温州市优秀厂长（经理），并多次荣获温州民企经济“十大年度人物”、温州市首届“十大财富英雄”等称号。

吴志泽高中毕业后，同样是靠着做产品推销走上创业之路。1980年，吴志泽和做服装出身的弟弟办起了小作坊。也许是吴志泽眼光不一样，他很早就把做品牌服装定位为自己的产业方向。不仅如此，他还是第一个打破传统家庭式经营模式的温州企业家。1996年，他联手当地其他两家服装企业，创建了报喜鸟集团。

在创立报喜鸟服装品牌过程中，吴志泽同样打破常规，请“硬汉”明星任达华做报喜鸟的形象代言人。不仅如此，吴志泽还领着任达华和刚从意大利请来的高级工艺师安东尼奥在全国做了8场巡回演出。而这一创意不仅成为当时服装界的新鲜事，还使报喜鸟成为当时真正的时尚品牌。

吴志泽在创业过程中，始终以打造“具有民族特色的国际品牌”为目标，倡导将中国传统文化精髓与世界时尚潮流相融合，形成独具风格的“东情西韵、古风新律”的服装品牌文化。

吴志泽以其非凡的眼光，实现其创建服装品牌的梦想。他本人连续十年荣获温州市“突出贡献明星经理”和“功勋企业家”称号、“中国品牌建设十大杰出企业家”等无数荣誉。2007年，吴志泽引领报喜鸟进入上市公司行列，使集团发展进入快速通道。

全球裁缝周成建

周成建，1965年4月出生于浙江丽水青田县的石坑岭村。为了摆脱祖祖辈辈贫穷的命运，他从小就学会了裁缝手艺。17岁创办了青田服装纽扣厂；21岁时负债30万元做服装加工；28岁创办美特斯邦威服装厂；2010年，45岁的周成建以204亿的身价成为中国大陆服饰首富。

周成建虽然不是地地道道的温州人，但他是在温州创业起步的，也是温州企业家中的优秀代表。

负债30万接服装订单

和众多温州商人一样，他们不仅有着贫穷的记忆，还有着超常的经商胆识。由于从小就受父亲开小店的影响，周成建年纪轻轻就有着良好的商业头脑。

1982年，17岁的周成建初中刚毕业后就在家乡创办了青田服装纽扣厂。后来在推销产品时，周成建接下了高达30万元的大额服装订单。没有资金，周成建就从信用社贷款30多万，开始服装加工。结果对方以面料不合格为由全部退货。就这样，周成建的工厂被迫倒闭，而仅21岁的他还背上了30万元的债务。

面对当时的巨额债务和身上仅剩的9000元，周成建还是乐观地认为自己还有翻本的机会。也许这就是温州商人特有的乐观精神。带着剩下的9000元钱，周成建前往温州寻找生意。通过亲戚朋友介绍，周成建终于找到了服装订单，由于有了上次的服装加工经验，他很快就请了十几个师傅，加班加点干完加工活，并且偿还了所有债务。

偶然的失误，成就休闲服装大生意

也许是上天垂青于这位勤奋大胆的年轻人，也许是他天生具有良好的领悟力。谁也没有想到，美特斯·邦威的休闲服饰生意是源自于周成建一次偶然失误。由于手艺精湛，信誉良好，周成建的加工业务爆满。在每天工作十几个小时的重压之下，十分劳累的周成建在一次操作时将一批西服的袖子全都裁短了一截。这次失误差点又让他负债累累。为了不再让自己背债，他反复琢磨想办法解决这批西服。想来想去，终于有了点子："把裁短的袖子接上别的布料，再将衣服的下摆也裁去一截，补上别的布料。"没想到，这样补过的西服居然成为了抢手货，而且这款服装成为当时的畅销品种，这也让周成建加工的服装在市场名声远扬。

创立美特斯·邦威，创造新模式

在积累了一定的资金后，周成建开始思考自己建厂做品牌服装。

1993年，周成建创立了一家叫做"美特斯制衣公司"，听起来洋味很重的名字，却以生产寓意为扬我国威的"邦威"牌服装。后来，他把服装品牌注册为"美特斯·邦威"。

1994年，为了打开局面，开业的那一天周成建又想出了一大创举：明码公开成本价。由消费者定价，只要高于成本价，都可以成交。结果出奇的好，不仅把所有的衣服全部卖完了，而且引来了媒体的报道。这一举动，不仅为自己创造了很高的利润，而且让美特斯·邦威一举成名。经过一年的批零兼营试水，周成建决定放弃批发业务，正式进军服装零售产业。

1995年，由于生意非常好，自己生产根本无法满足市场需求，于是周成建又从受人非议的"无工厂化"的虚拟经营，开创出自己的"生产外包，直营和加盟并举"的虚拟经营模式。他在国内服装行业率先运用“虚拟经营”策略，采取定牌生产和特许连锁经营的方式，以计算机信息化网络管理手段，使企业快速发展，在服装业独树一帜。

2003年，美邦正式将总部从温州搬迁到上海。美邦也出现了爆发式增长，到2008年一季度末，公司全系统已在全国拥有专卖店2211家。

2008年8月28日，美邦服饰在深圳中小板挂牌交易。2008年10月30日，周成建及其家族以20亿美元资产在2008年福布斯中国富豪榜中排行第5位，成为内地服装富豪榜首富。

一马当先邱光和

邱光和，1951年出生于温州市瓯海县。由于家境极度贫困，他十几岁就辍学下田干活，并坚持在夜校中读完高中，之后入伍当兵。退伍后，担任过温州市瓯海区娄桥农机厂厂长。1984年，开始创业，历经挫折。1996年，创办森马服装公司。2011年3月，森马集团上市，邱光和家族以财富306.9亿元成功跻身中国富豪榜前十名。

贫穷出身，志向远大

邱光和与温州的许多企业老板一样，出身于极度贫穷的农民家庭。在他小学毕业的时候，父亲因为患病而丧失了劳动能力，家中变得特别困难。虽然家里没钱，但他还是坚持在农校、夜校作为编外的学生读完了初中和高中。

高中毕业后，面对极度贫困的家庭，看到长期患病的父亲，看到长期操劳的母亲和姐姐，邱光和暗自流泪。由于家里没钱无法选择上大学，他就选择了去当兵。就在他当兵期间，家庭的状况进一步恶化，母亲生病，弟弟小学毕业后没钱读书在放牛，这些消息令他内心十分难受。因此，他又选择了退伍，回到家乡工作。然而，当时邱光和的工资才40来元，无法改变家庭的困境。于是，他选择了下海创业。

创业艰难，在挫折中创立森马

1984年，邱光和与两个朋友一起创办了瓯海娄桥工贸公司。虽然生意做得不错，但因为经营意见发生分歧，不得不散伙。

1988年7月，邱光和创办了瓯海家用电器公司。由于善于经营，先后在温州市区开设了五家门市部，在温州地区有关主要城镇开设了80家销售网点，生意十分红火。1993年，电器生意年销售额已达1亿多元。但是，老天总是要给他更多的考验，1994年8月21日的一场百年未遇的17号台风夹着大潮袭击温州，邱光和的几千万存货仓库遭到重创，损失惨重。

电器生意就此泡汤后，邱光和又来到了河南郑州，开始他的房地产生意。然而由于合作对方隐瞒了很多实际情况，导致邱光和的房地产生意再度失败，这次又亏损了几百万元。

森马就是服装界的黑马

1996年，邱光和在进行了大量的市场调研后认为休闲服装大有前景，便拉着儿子邱坚强一起创立森马服装公司。在经营过程中，邱光和采取虚拟经营，创建品牌服装的路径。

虽然历经磨难，备受挫折，但每次创业，邱光和都是全心投入，快速崛起。森马服装公司经过紧张筹备后，于1997年3月12日正式生产出了第一批服装产品。这一天“森马”牌第一批休闲服装正式从广州生产基地运抵温州。收到产品后的邱光和同“森马”员工一起以最快的速度将第一批休闲服发送到温州、南京、长沙、徐州等连锁网点。

由于产品开发到位，清新、时尚、飘逸、自然的“森马”服饰很快在服装市场上脱颖而出，迅速成为畅销产品。多年的创业经验，使邱光和十分注重品牌推广。从2002年开始，就先后与法国著名设计公司、奥美广告公司等世界一流品牌公司深度合作，快速提升了公司品牌文化，并使森马以极快的速度发展扩张。

另外，邱光和十分注重客户服务。在森马还挂着服务有关的警句：微笑露一点；嘴巴甜一点；说话轻一点；脾气小一点；度量大一点；脑筋活一点；做事快一点；效率高一点；理由少一点。

森马集团在邱光和的领导下，保持快速发展，连续6年跻身中国民企业500强、中国服装行业十强行列，成为中国乡镇企业创名牌重点企业、中国成长百强企业。

法派掌门人彭星

彭星，1970年出生，1997年创办法派服饰，2007年，法派创建10周年，37岁的彭星被授予全国青年五四奖章。现任法派集团有限公司总裁。

创立法派服饰，成就品牌梦想

1988年，19岁的彭星，刚刚高中刚毕业就开始从事服装生意。他将温州等地的服装批发到大连等东北地区进行销售。经过八年的努力，彭星不仅积累了原始资本，并且积累了丰富的产品开发、营销、市场预测等商业经验。

1996年，彭星调研了国内服装品牌雅戈尔、杉杉后，又前往欧洲等地进行市场调研。在参观意大利的杰尼亚和阿玛尼工厂后，彭星被震撼了，他深刻意识到了品牌的重要性，并下定决心要做“世界最好的品牌”。1997年，彭星先后在中国内地、中国香港地区、意大利、法国等地注册法派商标，开始了创建“世界名牌服饰帝国”的征程。

1998年，彭星投入大笔资金引进特殊的生产线，做日本的名古屋深井缝式会社的贴牌加工。虽然刚开始因为工艺和管理都不成熟，常常被退货或要求赔偿，但向日本深井学到的一套流程和管理，成就了法派今天高度专业化的服装工艺品牌。

邀请克林顿，响誉全世界

法派不仅对技术要求很高，而且善于造势和宣传。法派先后邀请国际影帝梁家辉和张柏芝出任形象代言人，并为陆毅、范冰冰定做演出服。

更令世人津津乐道的是法派总裁彭星于2000年5月向白宫发函邀请时任总统的克林顿担任法派的形象代言人。虽然当时白宫回函表示拒绝，但在2003年，彭星在北京和美国前总统克林顿握手，还与克林顿共进午餐，并将法派经典的深蓝色竖条纹西服以及衬衫、领带、皮鞋全套赠送克林顿。他们握手的经典一刻被摄影师定格后，经过全球千余家媒体的报道，为法派在全球做了一次盛大的广告发布。2004年4月，美国前总统老布什参加博鳌亚洲论坛时接受了法派赠送的法派西服，并对法派的品质赞叹不已，连声说道：“Good suits！Good suits！”又一位美国总统穿上法派西服。

牵手百年名企，缔造世界品牌

2005年3月5日，法派集团正式与荷兰百年名企迈克斯公司、克拉勃公司签约组建（荷兰、比利时、中国香港）三力控股有限公司，该公司将全面拓展欧洲、美洲、中东、东南亚等地市场。迈克斯公司和克拉勃公司是荷兰数一数二的百年服装企业。彭星与这两家跨国百年服装巨头合作后，全面进入国际市场，使法派集团在国际化运作上进入快速通道。

现在的法派集团，在全世界十几个国家和地区注册了商标，拥有近千家终端店铺，实现近30亿元的销售规模，并将向年销售额100亿元进军。不仅如此，还在以服装产业基础上进行多元化经营。

文化商人钱金波

钱金波，红蜻蜓企业及品牌创始人，红蜻蜓集团现任董事长。十届浙江省人大代表，曾获第七届中国青年五四奖章，素有“中国鞋文化第一人”、“文化商人”等美誉。

从木匠到推销员

因为家境贫困，18岁的钱金波选择了去做木匠。听说做推销赚钱，24岁的钱金波开始在全国各地推销温州皮鞋，一直干了八年，积累了第一桶金。1995年，32岁的钱金波回到永嘉，用500万元创办了一家制鞋企业。红蜻蜓是钱金波小时候的玩伴，他把企业名称定为“红蜻蜓”。

用文化创立一流品牌

由于钱金波从小就喜欢听鼓词，酷爱文化生活，他的骨子里充满了文人气息。因此，钱金波在经营品牌时，注入了浓重的文化基因。

钱金波先后成立了全国第一家鞋文化研究中心，建立全国第一家鞋文化展馆，出版全国第一部《中国鞋履文化辞典》，发行全国第一套鞋文化邮票，编辑出版全国第一套鞋履文化丛书《东方之履》，创建中国第一家国家级鞋文化博物馆——中国鞋文化博物馆，组织召开全国首届鞋文化学术研讨会。这些鞋文化的创举，不仅让钱金波过足了文化瘾，更实现了他“品牌开路、文化兴业”企业战略，使红蜻蜓在温州上万家鞋企中脱颖而出，迅速成长为中国鞋行业的特色品牌。

而现在的红蜻蜓已是拥有两万多名员工、下辖9个子公司、产值30亿元的多元化产业集团。

温州首家A股上市公司老板尤小平

尤小平，出生于1958年1月，温州瑞安人。十一届全国人大代表。现任华峰集团董事局主席、总裁。随着浙江华峰氨纶股份有限公司上市，他成为温州首家A股上市公司老板。

1991年5月，尤小平投资50万元创建瑞安市塑料十一厂，生产聚丙烯塑料编织袋，他从中获得了第一桶金。后来，在深圳、北京、上海等地办过几个企业，都没有成功。1996年他看准温州鞋业急需鞋底材料的商业机会，筹资2000万打造一条年产3000吨的聚氨酯鞋底原液生产线，当年即产值过亿。

1997年温州制革业迅速崛起，尤又投资2000万元生产聚氨酯革用树脂，当年企业销售总额达3亿元。

此后尤又在主要用于服装的氨纶项目上投资1.6亿。华峰氨纶于2006年在深交所中小企业主板正式上市，成为温州首家A股上市的民营企业，被国内经济学界誉为“新温州模式的典型代表”。

神秘的温州富商黄伟

黄伟，温州人，2009年福布斯排行榜浙江新首富。

黄伟，在大众眼中是一个神秘的资本大鳄，他很少出现在公众视野中，并且也很少出现在日常的企业经营中。

据媒体介绍，黄伟从温州师范学院毕业后，做过教师。20世纪90年代初在杭州卖眼镜赚到了2万多元，并将全部资金买进了800多张股票认购证，之后这800多张认购证，让他赚到了800多万元的原始资本。

1994年，黄伟创立了浙江新湖集团，同年创立了宁波嘉源实业公司、浙江新湖房地产集团有限公司（新湖房产）。后来，通过系列的资本运作，持有了绍兴百大29%的股份，之后又入主哈高科，持股比例共计42.24%，直接和间接持有G中宝（后更名为新湖中宝）25.32%股权，成为实际控制人。

黄伟与其他温州人不同的是，他是一个有文化功底的人。并且由于创业时机比较晚，抓住了股市和楼市这两个重要行业的黄金机会，创造了新的财富神话。

上面这些人物可以说是温州企业家群体的缩影，他们都是在国家改革开放以后成长起来的真正的本土企业家。他们中的大多数人都是从小家境贫寒，被迫弃学从商的；他们都是白手起家，靠自己的艰苦奋斗，创业成功的；他们从“草莽英雄”到现代企业家；他们见证并经历了市场经济的重重洗礼。

温州企业家既秉承温州商人典型的精神气质和经营智慧，又不断地自我突破和创新，赋予“温商”新的时代内涵。如今的温州企业家是最有全球视野、最有商业头脑、最能玩转全球市场的一群人。他们不仅是温州经济状态的缩影，也是中国经济状态的缩影。

尽管温州人已经成为中国第一创富商帮，但是，志存高远的温州企业家深谙“不进则退”的市场法则，他们永远不会停止追逐财富的步伐。在他们眼里，财富是需要不断经营和投资的，追逐财富是他们的人生目标。

全球化和品牌化时代，温州企业家依然任重道远，但我们有足够的理由相信，温州企业家依然充满活力，依然走在时代的前列，依然可敬、可怕！依然值得我们学习！

第二章 温州精神——赚钱才是硬道理

◎创业致富是温州人一生的追求。他们大部分人都会用心抓住每一个发财致富的机会，并且下定决心大胆去干。其实一个真正想创业的人，最缺的并不是资金，也不是机会，而是“决心”。只要下定决心去创业，坚持不懈，排除千难万险，总有一天能找到机会，发财致富。

◎天下没有救世主，翻身致富靠自己。温州人不等不靠，自立自强，这就是温州人精神内核。

穷则思变，全民经商

有这样一个经典的段子：

火星人落到地球上被逮住了。东北人会问他有没有户口；北京人会问他与人类有没有血缘；上海人会举办外星人展览，卖门票；广东人会问他身上哪些器官可以吃；而温州人则会立即请他吃饭，打听火星上有没有生意做，请他帮忙牵线搭桥……

这个流传很广的笑话中，提到的东北人、北京人、上海人、广东人的特性是否准确不好评判，但是温州人肯定会这样做，因为他们的脑子里成天装的就是赚钱、生意。不管是谁见到温州人，都会被他们大胆而又强烈的经商意识所折服。著名经济学家董辅礽指出，温州模式的最可贵之处在于温州人强烈的致富欲望和创业精神。

温州人的这个特性并不是一开始就有的，是被曾经的贫穷给逼出来的。改革开放之初，贫穷在全国是一个普遍的情况，温州尤甚。当时的温州由于农业资源缺乏，是典型的穷乡僻壤，老百姓更是穷得叮当响。但是，和大多数人不同的是，温州人从不认为自己是穷命，相反，贫穷激活了温州人潜在的商业基因和创业激情，贫穷成了他们创富传奇的序幕和起点。

财富和贫穷就像钱币的正反两面。一个人的财富观往往取决于他的贫穷观。温州人对于贫穷有种骨子里的憎恶。在他们眼里，贫穷不是缺米少盐，也不是缺衣少食，贫穷是无能，是罪恶。

在温州人眼人，没有天生的穷人，只有天生的穷人思想；一个人贫穷，主要是脑袋贫穷。没有创业欲望的人，是无法成为富人的。想成为富人，要先有富人的思想。脑袋富有，口袋就能富有。每个人天生下来都有创富的机会，都有成为富翁的机会。

这不禁使我们想起《富爸爸，穷爸爸》一书所倡导的观念。这本书中，富爸爸、穷爸爸都有一样的天赋，都聪明能干，但两人对贫穷和财富的观念有很大的不同。穷爸爸会说，“我对钱不感兴趣”或“钱对我来说不重要”，富爸爸则说，“金钱就是力量”。穷爸爸总是说，“我从不富有”，于是这句话就变成了事实。富爸爸则总是说：“我是一个富人。穷人和破产者之间的区别是：破产是暂时的，而贫穷是永久的。”富爸爸和穷爸爸选择不同的观念就意味着他们选择了不同的人生。穷爸爸一生都在为钱工作，终生为财务问题所困扰。而富爸爸的人生是“钱要为我工作”，最终留下了数千万美元的巨额财产。

温州人从不掩饰他们对于金钱的孜孜以求。他们认为，金钱是美好人生中不可或缺的一部分，追求财富应成为人生的一大目标。他们摈弃对金钱大张旗鼓的恨和羞羞答答的爱这种矛盾心理，理直气壮地去创造和获取财富，通过自身正正当当的劳动去争取经济上的丰盛。

谁都不愿意一辈子贫穷，财富是每个人的追求。但事实上，成功的人是少数，而温州人更是少数中的少数。之所以如此，是因为多数人还停留在梦想和观念层面的时候，温州人已经开始想办法行动了。温州人每天考虑的不是要不要赚钱、能不能发财，而是考虑有什么办法赚钱、目标是什么。他们会常常自问：我对我的经济现状满意吗？为达到经济上的独立，我至少应赚取多少财富？我的人生目标是什么？如何才能获得我所期望的财富？有哪些具体方法和需要向哪个方向努力？

温州人在创富方面从不唱高调，从不只说大话不干实事。温州人素以行动力强和能吃苦著称。温州商人最爱讲的有两句话。一句话就是，通过“千辛万苦、千山万里、千难万险”去做成一件事情。另一句话是“白天当老板，晚上睡地板”。这两句话是温州人务实、肯干、苦干的生动写照。

创业致富是温州人一生的追求。他们大部分人都会用心抓住每一个发财致富的机会，并且下定决心大胆去干。其实一个真正想创业的人，最缺的并不是资金，也不是机会，而是“决心”。只要下定决心去创业，坚持不懈，排除千难万险，总有一天能找到机会，发财致富。

自立自强，勇于拼搏

天下没有救世主，翻身致富靠自己。温州人不等不靠，自立自强，这就是温州人的精神内核。改革开放前，大部分温州人都受过穷，吃过苦。但他们从不抱怨，而是选择自主择业、自主创业。当今知名的温州企业家比如南存辉、胡成中、王振滔、郑元豹、周成建等人，都是从做裁缝、做木匠、打铁匠等辛苦活儿起家，然后从市场推销中获取商业经验，他们一步一个脚印，自立自强，敢于拼搏，终于闯出一片天地，创建了自己的产业帝国。

温州人有一句经典的话：找市场，不找市长。他们无论是下岗找工作，还是创业找资金，都是靠自己解决。温州人创业，没有什么“资源”，但他们知道市场就是最大的“资源”。温州人在“无中生有”的创业过程中，形成强烈的自主意识。在温州人的潜意识里大部分都是：“不靠天，不靠地，关键靠自己。”温州人的自立自强、敢拼敢打的精神，在温州商人身上体现得最为充分。很多人都是白手起家，靠自己一点点、一步步干起来的。

周大虎的温州大虎打火机厂创业时，是用妻子的5000元下岗费，租了200多平方米的一处废弃房子办起来的。他们在房子上部搭了个阁楼，一家人睡在阁楼上，下面做厂房。

此后，整整5年，周大虎一家人到附近一个公共厕所里的水管下洗手洗脸，到附近的一个小饭摊上吃饭，在深夜一两点钟一家人才能洗澡。周大虎用5年拼搏完成了他的资本原始积累。他以产品质量作为企业的灵魂，从而建立起自己的市场信誉。

经过发展，大虎打火机厂自身有1000多名工人，下有数家打火机厂担当他们的配套生产厂家，有2万多名工人。他的产品畅销国内并出口世界70多个国家和地区，他依靠诚信达到了产品与市场的默契，他们厂没有一名推销员，没有一分钱的广告支出，7年来没有一笔三角债，工厂资产负债率只有20%多。

曾有记者采访周大虎，问他靠什么成功时，周大虎说："就我来说，我是透支了30年的生命，花费了10年时间，使自己站到了打火机市场的前沿。"

温州的民营企业，大部分都有艰苦创业的历程。大部分企业都是白手起家创立的。正泰集团、德力西集团、人民电器集团、奥康集团、森马集团等企业就是如此走过来的。

创业早期，或是条件艰苦的时候，"反求诸己"，自主自强，可能比较容易理解。但是，温州人在事业有成，甚至功成名就的时候，也同样表现出这种可贵的精神，你很少能看到甘于做甩手掌柜的温州商人。

1999年下半年，后来任迪拜温州商会会长的陈志远，是进入迪拜的先行者之一。他曾是温州的一个富人，为了寻找新的财富之地，开始了"闯中东"的传奇。那时，他孑然一身，空空的行囊，无经商资本，唯一的资源就是劳动力。

一个40来岁、曾经享受过荣华富贵的他，开始的时候，到酒吧打工烧咖啡。与所有的打工者一样，他白天打工，晚上住仓库，纸箱是床。迪拜地处沙漠，长年日照强烈，气候十分炎热。栖息仓库，每天就像蒸桑拿。一切酸甜苦辣，他都忍受了下来。

与所有的温州人一样，陈志远睡得了地板，吃得了苦中苦，心中却有鸿鹄之志。没多久，他凑起打工节省下的钱，出来摆地摊，起步的平台只有6平方米。

当时的迪拜，还是个商业处女地，来自中国的小商品很走俏。陈志远的“地摊经济”卖的大都是温州货。温州商品得天独厚的价格优势和温州人善于经营的头脑，使陈志远的生意发了起来。

如今，陈志远不仅拥有“中国商品城”和旁边的“中国轻工城”、“志远鞋城”3个大市场，还拥有一个近10000平方米的五金汽配市场。

像陈志远这样放弃优越的生活不过，到海外打拼的温州人，绝不是个案，而是温州人的群体写照。下面这个吴晓斌，就是典型的例子。

为中国人争气，立志创造温州奇迹

吴晓斌，1965年出生于浙江省温州市，他从小志向远大，25岁时就开始创业。1995年，为学习选进的技术和管理模式，他决定前往日本留学。在日本留学期间，他尝尽了生活的艰辛：做烧烤、摆地摊、洗公厕……并时常受到日本人的歧视。打工的时候，酒店老板对吴晓斌说中国人是垃圾。这些冷嘲热讽激起了吴晓斌的斗志，他下决心要留在日本创业，向日本人证明，中国人以前不是东亚病夫，现在也不是垃圾。在日本的十几年，吴晓斌用事实证明了什么是中国人的尊严和荣誉。

1998年，吴晓斌发现日本青年对手机这一日常用品追逐标新立异，于是产生了开发手机天线的灵感。之后，他回到温州，动用所有资金和借来的20万元，只用3个月就开发出手机闪光天线。到1999年底，他的手机闪光天线已占据了日本市场的70%。

2001年下半年，吴晓斌成立以开发、生产、销售黑色家电产品为主的日本ZOX株式会社，在日本市场低迷的环境下迅猛发展。2002年，吴晓斌又先后进军日本时计市场与室外用品及汽车用品市场。后来，他又快速收购了专门从事电子配件生产的株式会社——太阳精机，并在9月份成立以营运游乐设施为主的有限会社SEEDS。2004年11月份，他又成立了以玩具销售为主的株式会社AXCEL。至此，吴晓斌的产业已涵盖了视听、数码、通信、电子电器、汽车用品及网络等领域，集设计、生产、贸易为一体，达到6000万美元的年销售额。从传统行业到高科技产业，吴晓斌在日本创造了温州人的财富神话。

至今没有加入日本籍

现在吴晓斌已是日本忠成株式会社董事长、日本温州总商会会长、中国对外贸易协会副理事长。虽然已是过亿身家的老板，但他始终保持着一颗中国心。他说：我妻子和小孩全部是日本国籍，但我至今都没有加入日本国籍，我为自己是一个中国人感到自豪，我也会为我的祖国奉献自己的力量。

敢于拼搏是温州人屹立于世界各地而不倒的核心竞争优势。正是这种自强不息、勇于拼搏的精神，让温州人在贫困时奋发，在成功时依然不满足于现状，登临一个又一个财富的顶峰。

取舍有度，舍小利才能谋大富

温州商人说：当一个社会聪明人太多的时候，赚便宜的往往是“傻子”。

曾经有个温州小伙子，他要去深圳推销一种高级上光清洁剂。当时，同类名牌产品已经在深圳攻城略地，市场已经被瓜分得差不多了，这位貌不惊人的打工仔要想在深圳打开局面，找到立足之地，站稳脚跟，谈何容易？

这个小伙子思忖良久，决定从“当一回傻子”开始。

一天，他对深圳一家名气很大的星级宾馆的老总说，他可以免费为整个宾馆做一次保洁。老总像看傻子一样望了他半晌，在听完他的产品介绍后，才决定把准备接待大型会议的60个房间和一个会议室交给他保洁，并规定2天内必须完成。

结果，在一天半时间里，这位打工仔用了20盒上光清洁剂，将那些客房和会议室装饰得焕然一新，并散发出淡淡的清香。

会议顺利结束，宾馆的留言簿上忽然多了很多客人感言。原来，与会人员对宾馆的环境和清洁卫生非常满意，留言感谢。

会后第三天，宾馆老总找到这个温州小伙子。

老总说：“年轻人，你帮我赢得了下一项接待业务，更为我们宾馆争得了良好的服务形象，这2000元算做清洁费，剩下的货我们全包了。”

说着，老总又掏出了几张名片：“这些是向我取经的宾馆同行，我已经把你推荐给了他们。”

就这样，这个年轻的打工仔，轻而易举地就敲开了深圳市场的大门，并趁势而进，如鱼得水，迅速在深圳打开了局面。

一年后，这个温州小伙子成了百万富翁。

上面的这个温州小伙子，普普通通，他的身上透着温州人特有的精明劲儿。他的精明就在于舍小利的“傻子”精神和以小谋大的财富智慧。像这个小伙子一样精明的温州人，到处都是。许多温州创业者，之所以有今天的成就，就是他们在创业初期善于“以小谋大，舍小谋大”，通过舍小利，薄利多销，积累资金；通过舍小利，赢得客户，做大市场；而做大市场之后，财富就会源源不断地到来！

舍小谋大，这不仅是一种大度，更是一种智慧。温州人不仅能“以小见大、以小搏大”，更能“把小看大，把大看小”，并且将“舍小谋大”的智慧用在做人、做事、做产业之中去。在做人方面，温州人通过“舍小谋大”，获得客户和伙伴的信任，获得更多的机会；在做事方面，温州人“舍小谋大”提高产品品质，建立了自己的品牌；在做产业方面，温州人更是善于“舍小谋大”，总是从小处入手，从小处做专、做精，从而把“小产品”做成大产业，并且做强产业。

小中见大也许有很多人能够做到，但是能把普通的事、小事做大，却是其他地方的人做不到的事情。更重要、更难能可贵的是，温州人能把很小的事情做成全世界最大的事情。

1969年，不满18岁的叶克林、叶克春兄弟俩到云南弹棉花。细心的他们在为供销社和百货公司弹棉花时，偶然发现商场里形形色色、看似不起眼的纽扣却非常畅销。

后来兄弟俩在外地一家纽扣厂门口捡到一堆被丢弃的次品纽扣并带回了桥头，试着摆摊出售。没想到，不到一天的时间就全部被买走了。于是，兄弟俩干脆放下弹棉花的生意，从黄岩等地贩进纽扣摆起了纽扣摊。

红火异常的生意招引得街邻四友纷纷效仿；当地纽扣摊位迅速扩张。后来，桥头成了远近闻名的纽扣交易中心，被香港《文汇报》称为“东方第一纽扣市场”。

这样的堪称传奇的故事在温州还有很多，针、线、剪刀、菜刀等，看起来都是小得不能再小的生意，挣的都是以分、厘计的小钱，温州人却正是从这一点一滴的“小”处着手，稳扎稳打，积累了他们的原始资本，脚踏实地地走出了一条创富之路。

温州人以小谋大的关键还在于一个“舍”字。就像开头那个温州小伙子一样，温州人肯舍小利，谋大局，重视信誉和口碑。

1999年，奥康集团为日本客商小批量生产了一批皮鞋，准备海运交货时遇上了台风，等台风过后，离交货期只有2天时间了，海运已经无法如期到达日本。奥康集团当即决定，不惜赔钱，把货物空运到日本。日方得知详情后非常感动，接下来把几笔大业务都交给了奥康。奥康集团以一流的产品质量、一流的服务，获得了一流的信誉。

温州人老宋的故事也非常具有说服力。他在生意场上摸爬滚打这么多年，深知做生意先做人的道理和“口碑”的重要。这些都是从“舍小”开始的。

23岁那年，老宋开始到四川做生意，其实就是地道的小摊贩，每斤米赚几分钱，晚上打烊数钱是以分分角角过手。但他称米的时候，他会称得旺旺的，完了还要往别人米袋里添一把。进了新货，他会先送一两斤给正在犹豫的婆婆大娘拿回去煮来吃，行情涨后，他会等几天再涨。

他从不把做生意的邻里当竞争对手，不管生意大小，他坚持用现钱购货，从不欠供货商的钱，他从不拖欠别人的钱，每次卖完货，他会像别人差他钱那样急急忙忙把钱送上门……久而久之，他的信誉起来了，口碑也起来了。

有一段时间，北方面粉大量涌进四川，很多厂家慕名找到他，希望他当总代理。一位他从未见面的河南粮商，人未来四川，有一次突然给他发了30多个车皮的小麦要他帮忙卖，他折腾了半个月帮忙卖完，及时把钱汇给对方。他帮过很多人的忙，有些生意不赚钱，有些还要赔辛苦费，但他获得了别人的信任。很多厂家在他面前痛苦地回忆被别人卖“跳楼货”卷款而逃的经历时说，现在像他这样的人实在太少了。

就这样，老宋的顾客越来越多，合作的伙伴也越来越多，生意也就越转越大。

温州人这种以小见大、舍小谋大的商业智慧在当前的形势下，更是难能可贵。现代社会已进入微利时代，市场的总体是稳定、成熟的，那种突发偶然性商机已越来越少。这就要求商家一方面从小处着手，改进产品和服务；另一方面，还要以“傻子样”来“感动、取悦、讨好”消费者。正像有的成功人士说的那样，做生意，最忌目光短浅，只算小账而不算大账。只有善于积薄利成厚利、集小利成大利，买卖才能真正兴旺起来，企业也才能够做大做强。

目标明确，集中精力做状元

树立明确的目标对于任何一个想要成功的人来讲，都是至关重要的。目标是成功的向导，只有树立远大的目标，一个人才会有意识地根据自己的目标不断努力，最终获得成功。

温州人的目标意识非常强，而且非常明确，那就是赚钱，成为有钱人。一位温州商人说："我们一般从小就确立了赚钱的志向，而且把目标定在1000万元以上。"

有了目标，就要集中精力，朝着目标前进。在这个过程中，这山看着那山高，朝秦暮楚，都是非常有害的。报喜鸟集团董事长吴志泽曾说过："人的目标不能太多，如果精力顾不过来，可能一个目标都实现不了。"

温州人做生意非常精明灵活，但温州人对于目标却异常执著。他们一旦确立目标，就会心无旁骛，集中精力去行动，做精，做专，而且做到这个行业的状元，"宁为鸡头，不为凤尾。"

火烧"温州鞋"的风暴，激发了王振滔创立皮鞋品牌的斗志。1988年，王振滔用3万元创办了永嘉奥林皮鞋厂。取这个名字，就是要用"奥林匹克"精神作为办厂准则，制造高品质皮鞋，创出温州的品牌。

经过17年的艰苦创业，他把一个家庭小作坊发展成为年销售收入超过18亿元的中国民营百强企业。奥康集团目前是国内制鞋业最大的企业之一。王振滔不仅使它享誉了中国市场，还使它走出国门，拥有5家海外分公司，并正在迅速朝国际化的企业集团迈进。奥康集团的主导产品奥康牌皮鞋连续四届蝉联“中国真皮鞋王”的称号，并荣膺中国名牌称号。王振滔本人也被誉为“中国鞋王”。

虽然被誉为“中国鞋王”，但王振滔并不满足，他更希望奥康能成为世界鞋业知名品牌。因此，王振滔带领奥康不断加速进军国际市场的步伐。1999年，奥康在意大利设立设计中心；2000年，奥康在意大利、荷兰等国设立分公司，将奥康产品打入国际市场。2000年9月，近万双奥康皮鞋运往悉尼，奥康皮鞋随着悉尼奥运会走向了世界；2001年，他以百万年薪的代价，将意大利设计名师请到中国，担任奥康首席工艺师，加速了奥康产品与世界潮流的接轨；2002年，他将奥康专卖店旗帜插在了美国纽约，现在奥康在欧美、东南亚等地开设专卖店近20家。

奥康不仅独立走进国际市场，还与国际品牌建立强强合作。2003年2月14日，奥康与意大利鞋业第一品牌GEOX签订全面合作协议，从2003年起，GEOX公司产品在中国的市场推广由奥康全权负责，GEOX公司销往亚洲和欧美市场的产品和辅助设计由奥康负责，同时，双方销售网络资源共享，这是中国制造的产品第一次得到允许进入国际一流品牌在全球55个国家和地区的50000个销售网点。

几乎所有的创业者，在企业初创时期都选择自己擅长的领域做切入点，因为精，所以它深，深就提高了门槛，别人不容易进来竞争。一个企业，既要有研发方面的专家，还要有生产和组织管理方面的专家、市场营销方面的专家。如此专业化生产，反复重复的过程，有利于迅速培养专精于一个环节的专业人员。

因此，在通常情况下，专业化生产一般最后都会形成独占性生产，至多是几个行业寡头同台竞争，企业间比较容易协调，从业者较易形成相互保护的默契，有利于保持较高的行业平均利润。

温州人在创业过程中，都有着一个明确的目标——成为行业老大。虽然不是每一个温州企业最后都能成为行业第一名，但是温州企业家骨子里都有成为行业第一名的霸气和追求。目前温州企业在他们从事的行业中，大部分占据着行业品牌的多数席位。比如在低压电器行业、皮鞋行业、服装行业，温州企业都有着全国数一数二的众多知名品牌。

学习温州人，就应该学习他们“目标明确，坚持不懈创名牌”的企业家精神。只有这样，才能在竞争激烈的今天，走得更好，走得更远。

储蓄人脉，善用关系资源

人脉就是财脉。华人首富李嘉诚说过：良好的人脉为你带来众多的人际关系，众多的人际关系为你带来无限的财富商机。“传统的人际关系是最便捷、最经济，也是最可靠的资源。温州人就是这样依靠亲戚朋友，亲帮亲，戚帮戚，积少成多，逐渐富裕起来。”温州人为什么会成为富人，就是因为他们之间的相互带动，才使温州人这个群体成为最为富有的一群人。

在高度发达的现代商业环境中，对于经商做生意而言，最重要、最核心的资源不是别的，而是人脉关系资源。有了人脉，产品、资金、技术、市场以及附着于人的信息等经商资源都能够组织到。没有了人脉，等于两眼一抹黑，寸步难行。

改革开放早期，温州可以说是穷山恶水，要啥没啥，没什么资源。当时，温州人的文化程度也不高，有不少人还是文盲和半文盲。他们靠什么发家致富？仅仅靠胆大、敢闯、肯吃苦肯定不够，巨大的人脉关系支持，是很多温州人快速发财的重要原因。

有一句话，说得很绝，但很有道理：你身边最好的6个朋友的总年收入的平均值就是你的收入。温州人有钱，跟温州人互相影响是分不开的。榜样的力量是无穷的，看到身边的亲戚、朋友都发财，温州人就会有强烈的创富欲望。这使得创业致富就成为每一个温州人的重要选择。

一人出国刚立足，马上会带动一群老乡漂洋过海，巴黎5万温州商人大多是这样移民海外的。靠着温州人的关系网，初来乍到的人不用怎么费劲便可以谋生，加工皮包、皮鞋或在亲戚朋友的餐馆里做工。温州人在巴黎能买到一种中文电话卡，把信息源源不断地从巴黎传递到温州。

温州人王剑11岁随母亲到法国，长大后，经营皮包进出口贸易。他的两个姐姐也都移民法国。如今，他在巴黎，两个姐姐长期驻扎温州和深圳，联手做外贸。王剑调查巴黎的时尚流行皮包市场，在第一时间把信息传递过去；姐姐们在温州和深圳迅速加工生产，形成跨国商业网络。这样的跨国生意，温州人驾轻就熟。

温州人一直以来对人脉关系资源都是极度重视的。温州商人不管到哪儿都会抱团打天下。温州人不仅通过家庭、家族、亲戚朋友、邻里乡亲等进行民间借贷、相互救助，还通过人脉关系展开快速的生产销售。如今，温州人遍布全球，这种人脉关系网更是有着惊人的价值，这也是温州人能在全球市场左右逢源、如鱼得水的原因。温州人的关系网是温州人的最大优势之一，而这张关系网是有钱也难以买到的。

正是这种金钱买不来的人脉关系资源，让温州人在全世界的市场上把生意做得风生水起。人脉是通往财富、幸福、成功大门的钥匙。所有温州人都有一个共同点，那就是拥有大量的人脉，并且善于保持良好的人脉关系。

互利共赢，让大家都有钱赚

温州人自古以来就有经商传统，合作共赢，是商业中的不二信条。温州人长期结伴出门，共同走南闯北做生意，他们已经深深懂得合作双赢、抱团发展的道理。正如李嘉诚所说：“人要去求生意，生意就难做，生意跑来找你，你就容易做。那如何才能让生意来找你？那就要靠朋友。如何结交朋友？那就要善待他人，充分考虑到对方的利益。如果一单生意只有自己赚，而对方一点不赚，这样的生意绝对不能干。重要的是首先得顾及对方的利益，不可为自己斤斤计较。对方无利，自己就无利。要舍得让利，使对方得利。这样，最终会为自己带来较大的利益。”

在改革开放初期，温州人大部分比较贫困，他们只能共同凑钱做生意。久而久之，就形成大部分都合伙做生意的习惯，甚至出现多人参股做公司的习惯。

位于凯辛那大道的中美超市一共有六位老板，较为特别的是六位老板中，除了五位温州人，还有一位是台湾人林士城。对于和五位温州人合伙做生意，林士城笑着说：“我们合作得很愉快。”林士城原是一位蔬菜批发商，其他的几位合伙人以前是以摆路边摊为生，因此经常从他那儿入货。时间久了，大家便成了朋友，于是大家便商量开店。和大多数人一样，林立城认为，温州人做事勤快，脑子灵活，是做生意的好手。广东人做生意，追求快、多，他们不喜欢做薄利多销的生意；温州人不同，他们脑子会钻，薄利的东西，只要你多进货成本便低，多销利润便高，因此我们的生意自开店以来，一直有增无减。

温州人的人脉关系网络并不是凭空建立起来的。除了温州人非常注重血缘、亲缘和地缘的关系，更多的是双方能做到互利共赢。如果没有互利共赢的关系，大家即使认识，只有各忙各的，无法建立深入持久的合作关系。

互利共赢是现代商业社会的基本准则。做生意，买卖双方都要生存发展，都要赚钱，就必须精诚合作，互惠互利，决不能只为自己赚钱而不管对方死活。那样的生意做不久，更做不大。

中国人自古就有“一山不容二虎”的说法，所以总要斗得你死我活，见不得别人好。中国人还有一个观念就是“同行是冤家”，所以做生意一方面要防对方；另一方面要明里暗里把对方挤垮。这种竞争观和同行观，与现代商业文明是格格不入的。温州人早已抛弃这种目光短浅的观念，而是长期保持着广泛的合作关系，把企业做成股份化、集团化，做成全行业、全世界的一流企业。

温商的联合作战形成了温州企业的集约经济格局。由粗放的分工到有效的协调，这种小区域的产业链所引起的联动效应在低压电器、纺织、印刷包装、制鞋等产业得到了前所未有的体现，温州人也尝到了分工合作给他们带来的好处。正泰、德力西、人民电器就是通过广泛的联营合作，快速发展成为低压电气产业最有影响力的大型企业集团。

温州人在国内的广泛的共赢合作，为他们带来了非常好的口碑。但由于众多温州人不熟悉国外语言和合作环境，因此他们与外国商家的合作相对较少。温州人在国外建立了众多“温州城”，但“温州城”的生意大都是由温州人一手操办，然而这一独家赢利的生意频频产生国际贸易摩擦，带来多次国际贸易争端。

温州人在西班牙直销温州鞋，从国内发货、国外进单、市场批发、门市零售一条龙自我“包干”到底。出口商、进口商、经销商、营业员“四合一”全由温州人包揽，所有环节的利润“独吞独占”；而且“吃苦耐劳”、“竞争意识强”，每天延长开店时间，该打烊的时候不打烊，周六该关门休息的不休息。总之，力图把买鞋卖鞋的利润“吃干榨尽”。把该让别人赚的钱都自己赚尽，又不尊重当地的文化习俗和经营规矩，把别人的饭碗都端掉，自然“引火烧身”，难怪当地企业、工人与中国鞋商“拼命”。

“火烧温州城”的现象使得温州人对于互利共赢有了更开放、更富国际视野的理解。特别是西班牙埃尔切“秋天里的一把火”烧醒了温州商人的双赢意识。不仅在国内做生意要有共赢的意识，在国际市场中更要有要互利共赢的观念。

现在，许多温州企业已积极调整自己的经营模式，把自己融入当地社会、文化、习俗等，不搞低价竞争，中国大部分的店家都聘请外国人当店员。后来，温州市考察团前往火烧温州鞋的发生地西班牙埃尔切市，表示积极帮助西班牙开通中国渠道，使其高档鞋进入中国市场。温州人的双赢诚意，博得了西班牙鞋业协会及生产企业的好感和信任。

有理由相信，将共赢合作理念发扬光大的温州人，将在未来国际市场中有更多的机会和发展。

第二部分

生意经——温州人凭什么赚大钱

◎今天，我们解读温州人的成功之路，并不是为了鼓吹财富，而是为了认识财富和驾驭财富。温州商人的财富之路最具可学性，因为他们之中大多是普通百姓。他们用杰出的商业智慧和无可辩驳的成就，不仅创造了傲视天下的财富，也为全国商人提供了一套可供借鉴的经商智谋。

◎在生意方面，温州人首先是用望远镜来找商机的。他们会比普通人看得更远，因此也就走得也更远。但在真正经营生意时候，他们却会用显微镜看自己和自己的生意。

◎温州商人的不同凡响之处就在于他们的创业模式一般选择以小搏大。他们经营的都是些不起眼的小商品，却销往全国走向世界。

◎在当今经济竞争格外惨烈的今天，消费者总是喜新厌旧。因此，要想成功地吸引消费者的注意，就必须与众不同。

◎温州商人从小骨子里就有一种不同寻常的冒险精神，敢为人先，敢做第一。因此，温州人总是走在时代的最前面，做财富的探路者。

◎温州商会是温州人最重要的关系圈。温州之所以产生了如此多的中国驰名商标和名牌产品，与温州商会和行业协会的努力，是分不开的。

第三章 快生意——快鱼与慢鱼，时间就是机遇

◎在大街上，你一眼就能看出哪个是温州人。有人说，在上海的街头，温州人比上海人快半拍；在北京，则比北京人快一拍。温州人遇到绿灯，他要跑步走，走在所有人的前面，因为绿灯意味着通行，政策允许；遇到红灯，大部分人停在红灯前等待绿灯亮的时候，温州人绕着红灯走，也是走在别人的前面。

◎做生意要速度，很多人之所以比别人落后，原因之一就是在决策的时候优柔寡断、犹豫不决！“当断不断，必受其乱”，这句话用在生意场上尤为贴切。

事事争先，凡事比人快一步

温州人做生意极为看重速度，不仅快，而且要先人一步。在大街上，你一眼就能看出哪个是温州人。有人说，在上海的街头，温州人比上海人快半拍；在北京，则比北京人快一拍。温州人遇到绿灯，他要跑步走，走在所有人的前面，因为绿灯意味着通行，政策允许；遇到红灯，大部分人停在红灯前等待绿灯亮的时候，温州人绕着红灯走，也是走在别人的前面。

1995年的一个中午，温州商人罗云远和一大帮朋友一起吃饭。当时，罗云远随便问一位在电力系统工作的朋友下一步有什么动作。那位朋友说，湖北省电网马上要开始改造。

说者无心，听者有意。正是这句不经意的话，让罗云远获得了商机。

罗云远心想：改造电网，必定离不开电表、电线、电缆之类产品。每家每户都需要电表，这可是一块大“肥肉”呀！

于是，罗云远赶紧赶到浙江老家，找到一家中外合资的五金厂，签到了该厂电表的湖北地区独家代理权。当时，许多人还没有意识到这个商机呢，因此，罗云远的谈判不费一点周折。

当电网改造的消息正式传开的时候，罗云远手上的优质产品已成为湖北地区的畅销产品，其他人再想要去浙江进货的时候，独家代理权已经被罗云远签走了。在湖北电网改造的五年当中，罗云远的销售额达两三千万元。

温州人深知，在一个信息高度发达、速度制胜的变革社会，一招鲜吃遍天、一步先步步先的时代已经过去了，不仅要招招“鲜”，而且要步步“先”。就像杰克·韦尔奇经常说的那样：“如果你速度不是很快，而且不能适应变化，你将很脆弱。这对世界上每一个国家的每一个工商企业的每一个部门都是千真万确的。”

有这样一个故事。

在海尔集团组织的一次干部培训班上，海尔集团首席执行官张瑞敏提出了一个很像“脑筋急转弯”的问题：“如何才能让石头在水上漂起来？”

学员们众说纷纭，有人说：“把石头掏空”；有人说：“把石头放在木板上”；有人说：“做一块假石头”……张瑞敏都一一予以否定。

这时，海尔集团副总喻子达顿悟：“用速度”，张瑞敏一听马上露出满意的笑容，并斩钉截铁地说：“对，就是用速度，《孙子兵法》上不是也说：‘激水之疾，至于漂石，势也。’这就是说，只要用强势，给予石头足够的速度，它就能在水上漂起来。”

为了证实这个问题，张瑞敏接着说：“大家可能都记得，儿时在河边用石头打水漂，石头之所以能在水面上连续跳跃而不沉下去，就是因为我们给了它足够的速度。”

上面这个速度让石头漂起来的故事，非常形象直观。现代商战，很多时候就是速度战、闪电战。在市场瞬息万变的情况下，只有抢先一步，快人一拍，抢占市场竞争的制高点，才能在竞争中求得生存和发展。蜗牛般慢腾腾的速度只会被市场无情地淘汰。

思科CEO钱伯斯在谈到新经济的规律时说，现代竞争已“不是大鱼吃小鱼，而是快的吃慢的”，这就是快鱼法则。传统经济的竞争法则是大鱼吃小鱼，而现代经济则是快鱼吃慢鱼。“快鱼吃慢鱼”的时代对温商的素养提出了更高的要求，竞争早已不局限于窝边草的争夺。竞争的边界日渐打破，商场变成了商海，企业面临的是“快鱼吃慢鱼”的生存挑战。因此，慢鱼必须变成快鱼，而快鱼要想不被更快的快鱼吃掉，只有使自己变得更快。

步入十倍速的信息时代，市场风云瞬息万变，市场信息流的传播速度大大加快。在这“快者为王”的时代，速度已成为企业的基本生存法则。企业制胜的法宝便是一个“快”字。要想比别人“快”，要想比别人“先”，就必须“抢”。实践早已证明，在其他因素相同或基本相同的情况下，谁先抢占商机，谁就会取得最后的胜利。要想生存下来，就要敢于“抢”；想要发展，就要步步“先”。

处事果断，优柔寡断是大敌

丹麦哲学家布里丹曾写过这样一则寓言：

一头驴子在干枯的草原上好不容易找到了两堆草，可是它实在想不好先吃哪一堆好，于是长时间地在两堆草之间徘徊和选择，最后活活饿死了。

后来，人们把在决策过程中犹豫不决的现实，称为“布里丹效应”。

商场征战中，像布里丹笔下的那种“蠢驴”还是很多的。商场如战场，形势和机会瞬息万变，很多时候容不得你多想，必须当机立断，速做决策，犹豫不决只会贻误时机、招致恶果。要知道，时机不等人，要是你没有及时作出决定抓住时机，过了这个村就没有这个店，事情变得更糟之时你要赶上往往就得付出双倍的努力。

商场中，千锤百炼的温州人深知其中利害。你可以看到，有些土生土长的温州人，学历不高，没多少文化，但当他们走出国门时却苦学外语，为的就是不用请翻译，能用流利的英语或者阿拉伯语跟外商直接谈判、讨价还价，及时决策。在接订单的时候，他们往往非常果断，一百万、几百万的货马上可以定下来，有时甚至不用拿订金。

有一天，王均瑶偶尔看报，看到一条消息，“中国是目前世界上唯一一个白酒的年消费量超过牛奶的国家，一年人均喝奶不足7公斤。”王均瑶预感到，富起来的中国会有越来越多的人知道牛奶的好处，牛奶中蕴藏着巨大的商机。

1995年春，王均瑶得到一个重要的消息，国有无锡乳品公司因亏损陷入重重困境。王均瑶知道，机会来了，他当机立断，决定与无锡乳品公司合资，将企业改组为无锡均瑶乳品有限责任公司，结果不但使均瑶集团迅速形成制奶规模经济，也使无锡乳品公司起死回生。

在1998年春节期间，中央电视台在黄金时段频频播出均瑶牛奶的广告镜头，一时间，北京、上海等60多个大中城市的超市，均瑶牛奶铺天盖地。

王均瑶眨眼之间从“包机大王”变成了“牛奶大王”。接下来，王均瑶闯入上海滩，涉足商业地产，并成为上海市浙江商会会长，生意蒸蒸日上，钱财滚滚而来。

做生意要速度，很多人之所以比别人落后，原因之一就是在决策的时候优柔寡断、犹豫不决！“当断不断，必受其乱”，这句话用在生意场上尤为贴切。因为一些需要当即拍板的事情，你却在犹豫不决，好长时间拿不定主意，往往就会在商场上错失大好时机。例如有一宗大生意，等着供货商报价，但是如果生意人疑心太大，事事去找人核查、了解、商量，就可能因此而损失了这笔大生意。

果断决策的人更容易快速行动，更容易抓住有利时机，也就更容易成功。而优柔寡断、思前想后、畏首畏尾、反反复复的人，却往往错过行动的最佳时机，沦为平庸之辈。一定要懂得，任何决策方案不可能十全十美，一味追求所谓“最佳方案”和“万全之策”，结果在追求“尽善尽美”的境界中错失了良机。

要想成功，就必须训练自己成为果断的人，要有勇气和魄力，顾虑重重，怕这怕那，只会与本可获得的效益失之交臂。

善捉商机，机遇随时会出现

商业的利润来源于买卖之间的差价，把握买进和卖出的正确时机最能考验一个商人的智慧。所谓“机不可失”，机遇的特性是稍纵即逝，如果你没有及时抓住，就会落个时不再来的下场。所以，机遇对商人来说是非常重要的。

商祖白圭认为，时贱而买，虽贵已贱；时贵而卖，虽贱已贵。他所强调的便是，商人要善于捕捉商机，把握时机，不失时机地买进卖出。“时贱而买，虽贵已贱；时贵而卖，虽贱已贵。”这是商人应该奉行的准则。

温州人天生对商业敏感，练就了一双善于捕捉商机的火眼金睛。还有更神奇的说法，据说温州人往大街上一站，用鼻子闻一闻，就能嗅出哪儿有赚钱的机会。

事业成功的赵章光本来可以功成身退，但他仍然保留温州人那种创业精神，并且善于把握每一个商机。当前，赵章光把原有101事业交给团队去打理，自己则另外创立一番“红豆杉”事业。而这源于他偶然在报纸上看到了这样一则消息。

在美国西雅图到洛杉矶之间，有一个叫阿拉斯加沿岸的原始村庄，这个村庄里面有两千人口，他们平均死亡年龄是95岁到135岁，你不信可以过去看一看，平均是95岁到135岁，村子里面没一个人掉头发，没有一个得癌症，没有一个人得心脑血管病，没有一个人是前列腺炎去世的。当时，前去考察的科学家并没有发现村民们的饮食有任何异常，只是他们都喜欢到红豆杉林中去漫步和跳舞，他们管这叫“森林浴”。后来，科学家们从红豆杉中分别提取出一种名为紫杉醇的抗癌物质和生物类黄酮以及紫杉碱这两种天然的抗氧化剂。红豆杉林里面大量的氧气含负氧离子，红豆杉林里这个负氧离子能吸收二氧化碳，能吸收尼古丁，它放出氧气，吸收各种废气，所以那里的人就是自然的长寿。

看到这里，赵章光大为兴奋。虽然当时红豆杉这种古老的植物资源在中国已日趋枯竭，但赵光章不放弃，他要在中国人工栽种红豆杉，开创“红豆杉”事业。

2000年，看到关于美国西部长寿村的报道之后，赵章光曾先后两次飞赴美洲大陆考察，结果证明报道不虚。于是，赵章光马不停蹄地开发“红豆杉”项目，2004年，在庐山脚下的威家镇种植了600亩红豆杉林。

之后，赵章光研制出了章光101红豆杉“养发护发枕”和“降压清脑好睡枕”，并为这种枕头取名为“睡金福”，并取得了不同凡响的疗效。联合国秘书长潘基文的母亲及其几位亲属也成了这个产品的使用者，并且对其高度赞扬。

2010年11月11日，赵章光受韩国国会的邀请参加了在韩国首尔召开的G20峰会，并在会中与潘基文亲切交谈。这一活动，大大鼓舞了赵章光和他的同人，使他们对“红豆杉”事业充满了希望。

成功的商人总是善于洞察市场的变化，研究市场发展的规律，准确地把握目标和发展方向，从而引领市场潮流，并占据市场制高点，使自己在市场上立于不败之地。

有人说，机遇是随机出现，可遇不可求，要想成功只能坐等机会到来。很多人认为自己之所以没有成功，就是缺少像成功者那样的机遇。这种观念其实是非常错误的。曾有人问亚历山大说，假如有机会，他想不想攻占第二座城市。“什么？”亚历山大勃然大怒，“机会！机会是我自己制造的！”

事实上，商机是不断出现的，而且总会出现的。如果你善于观察，从生活中发现人们的需求，商机是到处都有的，只看你能否把握住。

正所谓顺势者昌，逆势者亡。中旭集团董事长曾昌飚说：“我们温州商人就算是在伊拉克的炮火硝烟中也能嗅到商机，而且拎起包就直奔目标去了。”

成功商人总有一双能观六路的千里眼，有两只能听八方的顺风耳，还有一个善于分析判断的商业大脑。他们洞察市场变化，从细微处看到大趋势，并能把握好发展的方向，在市场中抢占有利地位，走在市场的前面。

第四章　对生意——适者生存，而非大者生存

◎学习温州人的经商之道，关键就是要学习他们怎样“做对的事”，思考问题要有一定的前瞻性，对于市场发展的方向要看得见、看得懂，而且要看得透，把握其内在趋势和规律，才能作出正确判断和决策，捕捉到宝贵的商机。

◎每一次新商机的到来，都会造就一批富翁。通过望远镜来看我们所处的世界，你会发现事物未来发展的趋势。相反，如果我们用显微镜来观察事物的细微和精妙之处，同样能够发现寻常事物的不寻常的意义和价值。

“做对的事情”比“把事情做对”更重要

管理大师德鲁克30多年前就提出：“做对的事情而不是把事情做对。”这一观点，被称为管理思想发展的一个里程碑。

“做对的事情”是指首先要做事之前一定要仔细分析，研判事情的对错，然后再去做判定为对的事情。这就是要学会把握方向，看清趋势，着眼于长远，理清来龙去脉，找出关键点。而“正确地做事情”则将关注重点从方向引向了过程，强调做事情“正确”，是强调做事情的方法要正确，要符合原则和要求。

“做对的事情”比“把事情做对”更重要，因为“做对的事情”决定的是方向性的问题，只有在方向正确的前提下，“把事情做对”才能达到做事的目的，做事才有意义。如果不“做对的事情”，也就是说方向都错了，那么，花的力气再大、付出的代价再大，也是枉然，不但可能吃力不讨好、做无用功，甚至会与目标南辕北辙，表面上“把事情做对”了，实际上反而离自己想要达到的目的更远了。

我们应该首先保证“做对的事情”，然后再把精力放在“把事情做对”上。唯有如此，才能达成我们的愿望，实现我们的人生理想和目标。

所以，正确的思维应该是：先“做对的事情”，然后再“把事情做对”。

30多年前，温州人外出闯天下时，不可能读到德鲁克的著作，但他们的做法却和德鲁克“做对的事情而不是把事情做对”的观点不谋而合。做生意最为要紧的便是方向、趋势的洞察和把握，判断什么是“对的事”。温州人在这方面，可以说，很少有出其右者。

南存辉是温州人创业成功的典范。从他的身上不仅体现了温州人自强不息、坚忍不拔、勇于创新的精神，也能展现温州人不同凡响的胆识、战略思想和决策思维。由他率领的正泰集团从一个家庭作坊迅速发展壮大成为大型现代企业集团、成为国际低压电器知名品牌。

选对行业创对业

南存辉从一小鞋匠，到开电器小店，再到与他人合伙办“求精开关厂”，这是他创业思维的重要转变。进入低压电器行业这样一个具有广阔前景的行业，是他明智的选择。

志向远大，立做“正泰”品牌

南存辉说：“1991年求精厂分家那阵子，柳市电器企业无序竞争严重。有许可证没许可证的、质量好的质量差的混在一起，一些人不按常理出牌，把市场搞得很乱。”这时南存辉想到的是，“做企业要先做人”。一次偶然的机会，南存辉发现一张从香港购买设备时开的发票，这个商店名字叫“丰泰”，这个“泰”字蛮好的，南存辉觉得“做人要正直，处事要泰然，把这两个字合起来就叫‘正泰’”。“那时候没有什么宏伟理想，只是想做人要做正，做事要做正，企业才会稳如泰山。”而在当时就严把质量关，生产品质精良的电器产品，也是他作为管理者的战略思维。1991年，他又拿出其中的一部分与美商合资，建立了中外合资企业，“正泰”这一名称由此问世。成立中美合资公司以后，南存辉把弟弟妹妹等亲属共4人揽入正泰成为股东。此次合资及引入股东，对南存辉及正泰而言，战略意义已远大于融资的含义。

整合扩张，快速发展

到1993年，正泰的年销售收入达到5000多万元。南存辉意识到，正泰要想继续做大，必须进行一次脱胎换骨的变革。于是，南存辉充分利用正泰这张牌，走联合的资本扩张之路。

1994年，南存辉为了卖东西给美国人，就组织了企业联盟，有30家成员企业。到1998年，南存辉突破阻力，决定弱化南氏家族的股权绝对数，对家族控制的集团公司核心层（即低压电器主业）进行股份制改造，把家族核心利益让出来，并在集团内推行股权配送制度，将最优良的资本配送给企业最为优秀的人才。就这样，正泰的股东由原来的10个增加到后来的100多个，南存辉的股份下降至20%多，资产却膨胀了数十倍。

专业化发展，成就产业龙头

在20世纪90年代中期，正泰集团呈现出快速发展的趋势。在企业快速发展的同时，南存辉听到了许多来自四面八方的意见，有人主张应该多元化、跨行业，有人则主张应该专业化、强主业。面对这些截然不同的意见和种种的诱惑，南存辉经过深思熟虑和反复对比，最后慎重地选择了专业化道路。南存辉提出正泰集团应该走专业化的道路，首先要把低压电器主业做精，“不做第一就做第二”。

他后来用了一个比喻来说明他的想法：“一个人去烧水，一壶水烧到99度，他满以为差不多了，就撇手去烧另一壶水，待另一壶烧到99度时，他又去烧其他壶的水……烧到最后，他连一壶水也没有烧开。”

“做专才能做精，做精才能做好，做好才能做强，做强才能做大，做大才能做久。”正泰在20年的发展中，能够经得起诱惑，耐得住寂寞，集中精力，始终围绕高低压电气、输变电设备、自动化仪表主业，做精做大做强，成为工业电器行业中的翘楚。

学习温州人的经商之道，关键就是要学习他们怎样“做对的事”，思考问题要有一定的前瞻性，对于市场发展的方向要看得见、看得懂，而且要看得透，把握其内在趋势和规律，才能作出正确判断和决策，捕捉到宝贵的商机。

眼光决定财富，用望远镜和显微镜看世界

眼光自古就是成功商人的制胜法宝。胡雪岩曾经说过这样一句话：“如果你拥有一县的眼光，那你可以做一县的生意；如果你拥有一省的眼光，那么你可以做一省的生意；如果你拥有天下的眼光，那么你可以做天下的生意……”而温州人做生意既不局限于一县，也不局限于一省，他们做的是全世界的生意，是天下的生意，那他们一定拥有天下的眼光。他们的眼光并非天生，而是长时间走南闯北做生意练就的。他们用不同的眼光，从我们大多数人都日日可见的寻常事物中，看出其背后所隐藏的机会。

比尔·盖茨曾说：“事实上我之所以真正成为世界首富，除了知识、人脉，微软公司很会行销之外，有一个前提，是大部分人没有发现的，这个关键就叫做眼光好。”至于为什么眼光好，比尔·盖茨说：“我从来都是戴着望远镜看世界的。”而中国的马云说：我就是打着望远镜也找不到对手。为什么马云能这么狂，因为他是在用显微镜找自己的缺陷。如果我们看到淘宝的疯狂成长，我们就不得不佩服马云的超人战略思维。

马云1999年创立阿里巴巴集团，并迅速成为全球最大B2B电子商务平台，集团旗下的淘宝网目前已成亚洲最大个人交易网站。2003年，淘宝网诞生；2004年，淘宝网在竞争对手的封锁下获得突

破性增长。2006年，淘宝网成为亚洲最大购物网站，同年，中国网民突破1亿；2007年，淘宝网不再是一家简单的拍卖网站，而是亚洲最大的网络零售商圈。2008年，在一个商务研讨会上，一个专家如此说："如果要定义淘宝网的成功道路的话，那么只可能是这么一句话：它终于将一个商业工具转变为一个生活工具。"

在生意方面，温州人首先是用望远镜来找商机的。他们会比普通人看得更远，因此也就走得也更远。但在真正经营生意时候，他们却会用显微镜看自己和自己的生意。

1997年10月，昆明世博会筹备之初，组委会正为商业化运作筹措资金而大费脑筋。当时虽有几个意向性的项目，但所谈的资金与计划相去甚远，而且还没有一个签字画押的。一天晚上，电话铃突然响了起来。工作人员拿起一听，原来是温州人陈绍枢从重庆打来的。

"我想到昆明和你们谈谈。"

"你愿意来就来吧。"对方似乎有些不大在乎。

谁知陈绍枢到了昆明，就使对方吃了一惊，他提出要买断世博会有关纪念品的专利权。

"你要买断是真是假？"对方还要肯定一下。

"当然是真的！只要今天签字，后天款就到位。"陈绍枢声音铿锵有力。

双方以120万元签订了协议，陈绍枢也马上把资金汇到了组委会。

陈绍枢是极富有眼光的。他买断专利的8项纪念品，两年后在世博会开幕前就被抢购一空，给自己带来了不菲的收益。陈绍枢也因此名声大震。

其实，眼光不是不可练就，就看你能不能把握每一次经济的重要战略时期。对此，李嘉诚有过非常精辟的分析：每一次新商机的到来，都会造就一批富翁。通过望远镜来看我们所处的世界，你会发现事物未来发展的趋势。相反，如果我们用显微镜来观察事物的细微和精妙之处，同样能够发现寻常事物的不寻常的意义和价值。应该说，温州人是随身带着望远镜和显微镜的，因为他们能在任何时候发现可以利用的商业机会，并能在第一时间将机会转化成财富。

第五章　懒生意——用懒人的思维想问题

◎懒人，创造市场商机；懒人，促进经济发展；懒人，推动科技进步。这懒人，须打引号，因为他们不是无所事事穷得叮当响的懒人，而是勤奋的懒人，他们或学有所长，或身有一技，收入颇丰，只是因为职场拼搏使他们无暇分身。

◎用懒人的思维考虑问题，才能找到新的生意！

◎温州商人出外赚钱做生意，一直把顾客视为衣食父母。为客户提供无微不至的超值服务，一直是温州商人做事的重要原则，也是他们的成功秘诀。

化繁为简，是全世界人的生活梦想

这时代谁的生意最好做，如果我们把消费者分为两种类型：勤人和懒人，试问会选谁？有很多人会选“勤人”。如果你选择了“勤人”，那就是大错特错。为什么呢？如果人人都变得非常勤快，还要干洗店干什么？如果人人都变得非常勤快，还要擦鞋店干什么？如果是人人都变得非常勤快，还要洗车场干什么？如果人人都变得非常勤快，还要餐馆干什么？如此，看来现在的很多生意都是懒人创造的。

《远东经济评论》对过去11年中10多个国家的数千名读者展开的调查显示：亚洲白领开始崇尚简约的生活。不仅亚洲需要简约生活，全世界的人们都在厉行一种简约化的生活风尚，回归生活的本质。越是现代化，越是忙忙碌碌，生活节奏也就越来越快，人们在高度信息化、网络化、科技化的生活里迷失了自己，失去了生活本真的快乐和简单。崇尚简约的生活，说起来挺文雅，其实，通俗点，就是想犯懒。中国人自古崇尚勤奋，懒是最要不得的。实际上，不可一概而论，人们在工作上勤奋，那么生活上就希望懒点。更何况，懒是人类进步的动力之一，很多的发明都是因为懒而发明的。

勤奋也好，懒也好，不能简单地说好或不好，关键还是要看效果。工作中，并不是越勤奋的人效率越高，有时候恰恰相反。有些懒人，为了快速完成某一工作，他们会研究如何把工作变得简单高效。这样，有可能激发新的创意，找到新的机会。

现在的市场，卖得最好的东西，是简单有效的东西。市场中的产品往往是迎合简单而需要偷懒的人的生意。因此，懒人的生意才是未来真正要做的生意。因为，谁也不希望“花钱买累受”。

方便食品家族成员越来越庞大，最初是方便面，而后是速冻馄饨、速冻饺子，又发展到各类速冻炒面、炒饭、盒装汤……不仅是超市的懒人食品有增无减，在书店，懒人食谱也出了一本又一本。

跟随这种“懒人”风尚，越来越多的“懒人服务”诞生：网上可以买到你能在市场上买到的任何东西；只要给超市打个电话，想要的各种食品饮料就会送货上门……

懒人用品也五花八门：全自动煲汤锅、全自动洗衣机等自动操作的电子设备；扭开就可以变成杯子的小盒子；标上日期方便随身携带的小药盒；可以一边烤面包，一边煮咖啡的早餐机；每天只要浇水就能成活的桌面植物……

在繁忙的都市中，5分钟就搞定营养美味的早餐，办公桌上轻松诙谐的便条引来会心一笑，洗衣、洗碗、擦地统统只需要按下按钮都可以搞定。

懒人用品的设计也越来越人性化，不仅大大节省了做家务的时间，还让家务活变得简单、轻松，这样干起家务来也有了乐趣。

温州一家清洁用品厂供应的懒人拧水拖克服了过去所有拖把的缺点，而且做到轻便易拿，清洗容易，双手完全不沾污，远离污渍和污水。不仅强力吸水，而且，连地面碎屑都轻松黏附。

阿里巴巴的CEO马云曾给员工作了一个关于懒的精彩演讲。他说：随着市场的不断发展，市场需求也呈现出多样化。市场到底需要什么？当你在思考这个问题的时候，不妨从懒人的角度去思考。如果你仔细观察，你就会发现，如今生产出来的商品越来越迎合懒人的需求，这正是快节奏市场的需求。

找准懒人需求，财富不请自来

中国人口众多，任何一个商品乘上13亿的话，都是一个巨大的市场。这就意味着即便是小的东西也会蕴藏着巨大的商机，任何一个小的项目只要耐心开掘都能发财致富。根据现代人由于时间紧迫，需要提供一些便捷产品的需求，将能找到不一样的市场机会。而这恰恰是懒人经济学中最有价值的思想。

“汤王”周公强，靠着对客户需求感同身受的体会和把握，靠着处处替顾客着想的真诚和努力，走出了一条与众不同的创富之路。

夫妻双双下岗，令周公强陷入生活的困境中。一天他路过菜市场听到“我要收摊了，这堆肉骨头5元钱便宜卖喽！”的吆喝声，便兴奋不已，毕竟手头紧，很少吃荤。他上前有意找茬压价，掌柜却说：“老兄，这你就不懂了。骨头上剔剩下的肉都是瘦肉，骨头敲碎了，里面的骨髓特别有营养。”周公强买下这堆肉骨头后，回到家煨起骨头汤来。没多久，厨房里就飘满了香味，夫妻俩吃得特别开心。

喝完骨头汤，周公强感慨：“现在夫妻双双下岗，如果天天喝得上骨头汤就好了。”妻子提醒他：“现在什么生意都有人做，就是没人熬骨头汤，咱们能不能卖骨头汤呢？”周公强愣住了，反问道：“骨头汤也能卖钱吗？”妻子接着说：“我们家在鼓楼医院附近，医院里的病人，尤其是老人、妇女、儿童，都喜欢喝骨头汤。”周公强一听，觉得很有道理。第二天早晨，他便去菜市场买回了一篮子骨头，熬成鲜汤舀进保温桶里，到鼓楼医院门口叫卖。

此后，周公强每天中午和晚上都去鼓楼医院卖骨头汤，由刚开始的一次一桶增加到后来的一次两三桶，最多时达到五六桶。但没多久，医院就开始驱逐他了。后来，他借了几万元在南京鼓楼医院附近租了一间门面，开起了“周氏骨头汤馆”。

随着生意的好转，周公强聘请了一位厨师替自己熬汤，自己则从事管理和经营。短短几年间，“汤王”的资产就已达几百万。

人们在生活中的需求各种各样。方便省事，又能吃到不同寻常的好东西，将是很多家庭主妇的选择。被武汉人誉为“泡菜大王”温冬梅也是因为在生活中发现泡菜需求而走上致富之路的。

1999年，温冬梅因为开小餐馆失败，欠下了3万元债务。为了还债，她偶然想到一个机会，发现人们特别喜爱吃泡菜。由于自己没有钱，她只好找人赊给自己一些萝卜、大白菜、缸和坛子。因为以前开餐馆时经常从摊贩买菜，他们答应赊给她。

温冬梅以前就有制作泡菜的经验，所以第一坛泡菜很快就成功“出坛”。刚开始，她想让商贩代卖她的泡菜，但没人愿意要。于是，她只好让摊贩代卖。为了卖得更好，她开始寻找自己产品的卖点。

温冬梅发现，很多泡菜制造商实际上没有采用传统的制作方式用土陶坛子泡制，而是在脚盆或池子里用盐，甚至是工业盐泡制，成了盐渍菜。泡菜市场鱼龙混杂，市场上的泡菜已经走了样。温冬梅终于知道了自己产品的卖点何在了：采用土陶坛子腌制泡菜，并用乳酸菌发酵，这对人体健康有益。在发酵过程中产生的醇、酯等物质，吃起来很香，这就是泡菜所特有的风味。

由于她的泡菜采用了传统制作方法，风味独特，很快这些代销泡菜的商贩主动找上门来了。为了让产品更易于被接受和扩大生产能力，2000年4月，温冬梅申请办理了个体执照，开始把生意做大。在做大生意的过程，温冬梅又遇到摊贩卷款逃跑和包装不过硬被迫退款等事情，结果损失惨重。但几经周折，她走上散装批发这条路，并引进了一批带有蓝色花纹的泡菜坛子。由于没有了包装，泡菜不仅新鲜而且价格更实惠，很快就受到了消费者的欢迎。几年来，温冬梅在超市设立的专柜已达到20多个，品种发展到50多个。如今，温冬梅还成立了自己的公司。每年，这些泡菜坛子里可以泡出近百万元的纯利润，温冬梅也被武汉人誉为“泡菜大王”。

成功商人的精神就是这样，别人不敢想的事他敢想，别人不敢做的事他敢做。要想赚到钱，就要善于观察和分析市场，从顾客的需求中找寻商机。看到一个潜力巨大的市场只是成功的开始，只有走好了关键的每一步，才能最终获得成功。

无微不至，超值服务引来财源滚滚

我们现在所处的时代，是服务经济的时代。决胜商场，关键已经不看你能提供什么样的商品，而要看你能提供什么样的服务。

沃尔玛目前是世界上最大的连锁超市企业。这个百货连锁店的老板究竟是靠什么生意经获取惊人的资本的？山姆给出了答案，那就是服务。他认为：“如果商店提供足够多的商品和良好的服务，消费者肯定会蜂拥而至。沃尔玛正是靠着提供品种齐全的商品、会员制、国际合作和仓储俱乐部以及良好的服务获得了越来越多的顾客的信任。所以，走进任何一家沃尔玛连锁店，不管什么时候，我们肯定会找到价格最低的商品和希望得到的真正的服务。在每一家连锁店的每一个销售间，我们都会产生一种在自己家里的感觉。这就是沃尔玛的成功之处。”

温州商人出外赚钱做生意，一直把顾客视为衣食父母。为客户提供无微不至的超值服务，一直是温州商人做事的重要原则，也是他们的成功秘诀。

2008年，以做电力自动化和传统低压电器起家的“虎牌”遇到了发展的“瓶颈”。董事长虞成华发现，“虎牌”的代理商和经销商的忠诚度较低，经销网点的店面形象无法统一，资金回笼速度太慢……面对这种不良境况虞成华开始思考对策。左思右想之际，他想到了电力服务这一模块。

2002年，自从国家电力系统实施厂网分离后，电网公司的服务能力非常有限。由于使用电器的用户群极为庞大，并且大部分客户都面临着电力保障不力的状况。虽然，大多数的电力用户为了保障电器的顺利运行聘请了专业的电工，但由于电工水平不一，往往无法解决全部问题。而企业聘请电工的成本却是一笔不小的费用。因此，在虞成华看来，电力服务是一个巨大的空白市场。

在经过无数次专业测算和评估后，虞成华决定打造一支相当于“快速反应部队”的专业电工服务队伍，一则填补供电留下的巨大市场空白；二则增强自己产品的售后服务能力，并以服务带动虎牌产品的销售。

2008年10月21日，虎牌控股旗下的虎牌电务在杭州开启自己的旗舰店，并打出了“只为安全、节能用电服务”的宣传语，专为电力用户提供24小时的安全用电和节能用电及产品服务。

“我们的模式就是卖服务。或者说先做服务，后做产品，通过服务带动产品的销售。在成熟之后再逐步连锁，形成‘服务+产品+连锁’的一个商业模式。”并承诺“5公里范围内应急抢修15分钟内到达现场”。根据测算，一个连锁店的年营业额就达到600万元，除掉成本后，有着不错的盈利前景。“虎牌”电器的这一服务项目，满足了社会各界对用电服务的强劲需求。

除了承接各个企事业单位的服务外包之外，虞成华还以“连锁服务连锁”的形式寻找大型的集团客户。现在已经与肯德基、杭州怡莱连锁集团7家酒店、汉庭连锁20家酒店建立合作关系，还有众多政府机构也成为“虎牌”的长期客户。目前有连锁服务店50家以上，服务客户达到2000家的服务网络，基本涵盖华东地区主要城市。

如此下来，原本困难重重的“虎牌”电器，不仅开拓了市场，还找到了新的蓝海市场，公司前景一片光明，并且获得了资本市场的青睐。

事实说明，你能够为客户提供超出其期望的服务，市场也一定让你得到超出你期望的利益。超值服务，不仅是为了让顾客满意，而是在产品过剩时代消费者的一种必然要求。服务的好坏，决定了一个产品的品牌价值。在产品过剩时代，不仅要让客户满意，更要让客户忠诚于你。超值服务就是锁定消费者忠诚度的最好方法。精明的温州人正是从消费者的需求出发，处处考虑消费者的感受和利益，结果消费者却给他们带来了巨大的财富。

第六章 细生意——以小搏大，小生意做成大产业

◎以小搏大创业模式的着眼点在于“搏大”。如果一样生意没有搏大的可能，就要放弃，所以，在选择生意上，温州商人不是只关注小生意，而是发现那些有潜在价值的小生意，一步一步把它做成大产业。

◎温州人认为，不怕赚钱少，只怕赚不来，只要踏踏实实，一步一个脚印地挣钱，财富就会越积越多。

以小搏大，小商品中挖出金元宝

“以小搏大”是浙江商人创业的一个普遍模式。温州人做生意对“小”情有独钟，善于从小处入手。以小搏大同时也是温州人的绝活。生产和销售小商品，虽然得到的是薄利，但薄利多销，积少成多，照样能赚到不少的钱。另外，以小搏大的生意，在创业开始不需要太多本钱，现钱交易资金回收快。有了钱，钱能生钱，生意就越做越大。这样不但避免了竞争而且发展迅速，以量取胜，以时间换金钱。很多温州人就是靠这样的小商品和小生意起家的。

说到小商品，就不得不提义乌。现在的义乌已经是“全球最大的小商品批发市场”。2004年，与世界上206个国家和地区做着买卖，联合国统计世界上所有商品共50万种，在这里可以买到30余万种。2009年，义乌海关监管集装箱51.1万只标箱……市场成交额556.1亿元。

义乌是小商品集散地，但在义乌经商的商人却有不少是温州人，而为义乌提供产品的，也有很大一部分来自于温州，因为温州有数不清的产品生产基地。中国鞋都、中国服装名城——温州，中国箱包城——瑞安，中国拉链之乡、中国纽扣之都——永嘉，中国制笔之都、中国锁都、中国眼镜生产基地——鹿城，中国合成革之都、中国五金洁具之都——龙湾，中国胶鞋名城、中国休闲鞋生产基地、中国汽摩配之都——瑞安……各种各样的小商品生产基地，都集中在温州的各个城市、地区、乡镇。而就是这些小商品，他们的企业销售额小的几百万元、几千万元，大的销售额几亿元、几十亿元，甚至几百亿元。而生产这些产品的企业家就是这样长年累月地干下去，依托中国小商品城，薄利多销。他们的企业一年少则赚几十万元、几百万元，多则一年赚几千万元、几亿元，甚至几十亿元。

温州人对于小商品有着极为深刻的认识和体悟。小商品看起来挺小，却时常关系到人们衣食住行等基础性需求，是每个人每天都可能要用的，整个社会的需求量却是巨大无比。在现代社会，市场竞争导致生产的分工越来越细致，越来越专业化。市场上的商品，不可能由一家企业全部提供，而是由千千万万个企业协作而成。每个企业只负责生产某小类产品，或是某种产品，大家在协作中，赚取其中非常细微的利润。一根吸管挣一厘，一支铅笔挣一分，一个塑料袋挣二厘……在很多人眼里，认为这样的生意不值得做，但温州人却做得风生水起。

比如吸管生意，这在很多人看来是一种微利的生意，不愿为之，但“吸管大王”楼仲平，就是把它做成一大产业。

“吸管大王”楼仲平，15岁开始闯天下，选择以一根8毫利的吸管作为自己事业的起点，用以小博大的精神在十多年间创建成为全球最大的吸管生产企业之一，成就了他的吸管王国。楼仲平能把每根只赚8毫利的吸管做到了上亿的产值，是“蚂蚁商人”中的一位杰出代表。

“以小搏大”，楼仲平办公室座位背后的4个大字很显眼，1995年注册了“双童”商标，这个是义乌市注册的第17个商标。双童吸管还拥有30多项发明专利。

虽然产品小，利润微，楼仲平却是最早采用网络营销企业主之一。1997年，通过雅虎的网络联盟推广的广告来刊登信息发展外贸。后来又采用同样的方式与阿里巴巴、百度等网站合作，在国内网络营销上开辟了又一个新天地。2000年，楼仲平每年花上近百万打广告。因为没人做吸管广告，双童品牌在行业内打响了知名度。

2005年，双童吸管占据国内市场的55%，全球市场的20%。2008年，全世界超过1/4的吸管都产自双童公司，每天生产吸管1亿根。2008年金融危机反而成了双童那几年效益最好的一年，因为原材料大幅下调，而稳居第一的双童订单并未减少。

楼仲平是一个对员工大度，对自己和生产细节非常抠门的人。双童的厂区不大却最显眼。大楼内部设施更是以三星级宾馆标准建造的，花六千多万造厂房，员工寝室装修用了三千万，水龙头、门、床各种生活配置都用一线品牌。为降低生产成本，他想尽办法把原来每个月要用的1.5万吨水压缩到了1000吨水，而这是难度非常大的一个创造。另外，他一个月只用六七十元电话费，平时很少花钱。

楼仲平能够在这个微利行业立足，其最大的特点是算细账，算精账，在楼仲平的账本上，用水、用电都算的清清楚楚，许多人忽略的雨水、废水、废气、设备余热，都被楼仲平视为宝贝加以利用。在他看来，“以利小而有为”，“以小博大，以小创大，以小创强，以小创精”的商业模式正是无数以他为代表的“蚂蚁商人”的财富之道。

吸管大王的故事，足以给我们深刻的启发。小生意，也大有作为。其实在我们的身边到处都存在着赚大钱的生意，但是一般人发现不了。一般人的目光只会盯着大生意，想从大生意上拔毛，但是大生意人人看得见，都想去拔毛，就有激烈的竞争，最后能做成大生意的人很少，而大部分人只有败下阵来。

温州商人的不同凡响之处就在于他们的创业模式一般选择以小搏大。他们经营的都是些不起眼的小商品，却销往全国走向世界，比如在人们眼中不起眼的拉链、圆珠笔、袜子、毛巾、打火机、手电筒、计算器、针头线脑、牙签、吸管之类，成全了温州人的创富梦想，挖出了金元宝。

以小搏大创业模式的着眼点在于“搏大”。如果一样生意没有搏大的可能，就要放弃，所以，在选择生意上，温州商人不是只关注小生意，而是发现那些有潜在价值的小生意，一步一步把它做成大产业。

微利也图，不要轻视每一分钱

两个年轻人一同寻找工作，一个是英国人，一个是犹太人。

一枚硬币躺在地上，英国青年看也不看地走了过去，犹太青年却激动地将它捡起。英国青年对犹太青年的举动露出鄙夷之色：一枚硬币也捡，真没出息！犹太青年望着远去的英国青年心生感慨：让钱白白地从身边溜走，真没出息！

两个人同时走进一家公司。公司很小，工作很累，工资也很低，英国青年不屑一顾地走了，而犹太青年却高兴地留了下来。

两年后，两人在街上相遇，犹太青年已成了老板，而英国青年还在找工作。英国青年对此不可理解，说："你这么没出息的人怎么能这么快地'发'了？"

犹太青年说："因为我没有像你那样绅士般地从一枚硬币上迈过去。你连一枚硬币都不要，怎么会发大财呢？"

能挣一分是一分，这是温州商人赚取第一桶金的秘诀。温州人做生意，从来都是从小处着手。针线、拉链、纽扣、标签、徽章、商标、印刷品、小饰品、小玩意儿等别人看不上眼的东西，温州人都在做，而且做得有声有色。温州人认为，不怕赚钱少，只怕赚不来，只要踏踏实实，一步一个脚印地挣钱，财富就会越积越多。

卖100根牙签只赚1分钱，一个温州商人在义乌每天批发牙签10

吨，按100根赚1分钱计算，他每天销售约1亿根牙签，稳稳当当进账1万元。有个摊位卖得是缝衣针，粗的、细的、长的、短的一应俱全，平均1分钱2枚，这个小商贩一年卖针也能挣到80万元。

而心心文具商行是温州龙湾人麻爱国在义乌经营多年的制笔行当，他说有龙湾是“中国制笔之都”这块金字招牌照应，在义乌生意也好做得多，全国客商也都认可，有很强的品牌效应。生意红火时，有时一天就要从温州发好几次货。此外，来义乌经营制笔、钢材、锁具、五金等行业的龙湾人也有好几千人。

对每个刚开始创业的人来说，最应该重视的就是微利的生意。积少成多，聚沙成塔。卖一样东西，虽然只有一分钱的利润，但只要卖得多了，加起来就是一个大数字，照样能发家致富。假如不在意这一分钱的利润，或干脆不做这小利润的生意，就不懂得积累经验，也很难做成、做好大生意。况且在商场上薄利才能取信于人。买家一般都是货比三家，以薄利多销往往能获取客户的好感，建立生意上的诚信。而真心实意地为顾客着想，坚持微利服务的商家是最受客户和消费者欢迎的。

温州人常说：细水长流，不怕慢，就怕站。慢一点没有关系，只要坚持不停步，天天有进步。如果停停站站，做事情仅凭三分钟热度，思想情绪不稳定，终究难以做出好的业绩。

永嘉黄田人金建南夫妇在当地开的一家饰品店，他们自产自销各种高中档的项链、耳钉等产品。金建南说，他们在义乌头尾已经七年了。2001年，金建南妻子李珊和一家人来到义乌，李珊和父亲李进云在义乌当地办了家饰品厂，做起了饰品生产代销生意。

到2002年，他们就在义乌首期商贸城里租了个店铺，做起了饰品生意。后来李珊和与金建南结识，2004年，两人就在义乌买了间摊位。随着义乌市场影响力的扩大，他们的生意也越来越大，饰品买卖做到了四川、上海、北京等地。

俗话说“小钱不赚、大钱难赚”。温州人做生意的起点，先赚小钱，积累本钱，然后再慢慢把生意做大。温商大多体现出了勤劳致富的创业精神。用自己的实际行动做小本生意，赚微薄的利润，这就是温商得以成功的生财之道。

实际上，温州人这样做是非常有道理的，特别是在创业早期，必须要从小做起。大多数的投资人都是在有了丰富的经验之后，或经历了无数的坎坷之后，才最终获得成功的。

去掉浮躁，做好细节

古人云：天下难事，必成于易；天下大事，必做于细。细节，就是一个整体中极为细小的组成部分，或一个系统中平时极易被人们忽略的环节。但正是你不留意的细节蕴涵着事物的真谛和奥妙。做人，可以不拘小节。但是，做事则必须做好细节。事情成功的关键往往就在于细节，这个道理在现代商业活动中屡试不爽。

温州人做生意一贯从小处入手，甚至无中生有。他们洞察力极强，眼光敏锐，行动迅捷，极善于从别人不注意的细节处发现商机。温州人注重细节的精神同样还体现在生产和质量控制方面。

创办于1987年的瑞立集团有限公司，是专业生产汽车零部件的企业。2004年7月成功实现在美国纳斯达克上市，开创了温州民营企业境外上市的先河。

在20年的时间里，瑞立集团从最初的7个人10万元资产的创业阶段，发展到今天多元化、国际化的规模；而几百亩新基地的建成投产，集团又将拥有一个更好的发展。这一切的发展变化也很好地诠释了温商精神所代表的意义——把控细节。

瑞立生产的气制动系统、电器类等配套产品在2009年60周年国庆阅兵军车上，为祖国生日捧上一份“献礼”。

在60周年国庆阅兵式上，装有“瑞立造”气制动系统、电器类零部件产品的某特种军用车、陕汽军用越野车等，分别出现在“二炮”中远程对空常规导弹方阵、后勤装备方阵里，并缓缓驶过天安门，接受祖国和人民的检阅……

瑞立与军方的合作由来已久，企业严格按照国际标准生产。目前，瑞立气制动接头为军方独家供货，军用缓速器通过了总装备部科技成果鉴定，挂车阀，电、气喇叭，雨刮器总成产品为解放军“二炮”军品指定合格供方产品。2010年5月，陕汽80多辆军用越野车，被联合国维和部队派往黎巴嫩、乍得、利比里亚等执行维和任务，这些维和军车就装有瑞立气制动接头、按钮开关、雨刮器总成等产品。

为保证阅兵车配套零部件质量，解放军“二炮”、海军、总装备部军代表与三江航天的专家，于2010年6月来到瑞立，按军品控制流程和管理方法，对制动、弹簧气室等气制动系统产品，进行了军品验收和体系审核，最后“高票”通过。

面对这些成绩，张晓平没有满足。依然坚持“战略成就未来，细节决定成败”的管理理念，将企业的各项细节管理工作放在了相当重要的位置。坚持“以市场为导向，以服务为宗旨，以质量求生存，以科技求发展”，积极夯实基础，加大产品开发力度，抓管理、树品牌、整合企业资源优势，在调整中提升，在规范中发展，寻求与国内外同仁的广泛合作。

在高度专业化、规范化和标准化的今天，说细节决定成败，毫不夸张。事情做得到不到位、成不成功，就看你是否能把最后一个细节做好。这不仅是在产品生产和质量控制环节，我们做任何事情都应该如此。

在康奈工业园内的洗手间，细心的你一定会发现，每个洗手池的墙壁上必定挂着一条毛巾，它们是用来擦手的。对此或许您会认为很正常。事实上，挂与不挂区别巨大，以前没设毛巾的时候，游客、员工们洗完手，沾满水的双手无法拭干，很容易把水都滴洒在地面上，非常不雅观。再者，由于地面都是胶面的，一湿人就很容易滑倒。所以为了方便大家，公司在每个洗手间内配备了干毛巾，并且毛巾每天换洗三次，以保证清洁卫生。自从设置了毛巾以后，员工们也称方便多了，再也不用拎着手出来了。每当来访客人说到此举时，他们都连夸康奈“虽然是鞋企，考虑细致得却像宾馆”。就像康奈的广告语一样，康奈每时每处都在注重细节，从生产到经营，从管理者到普通员工，从工作到生活。

“细节无处不在，关键看你怎么去做。”康奈集团总裁郑秀康是一个十分注重细节的人。正因为他在管理中非常注重细节，康奈皮鞋成为品质一流的代名词。

在我们的工作和生活中，像温州人那样真正愿意把细节落实到位的，还不是很多。这也是我们国家虽然企业众多，但成为品牌的企业仍然是少数的真正原因。我们有很多的管理人员，都具有伟大的梦想和战略，但没有把梦想和战略落到实处的细节执行。注重细节，把针尖般细小的事，做到最好。这就是温州人无论生产什么都能做成品牌，做成行业老大的内在原因。

第七章 新生意——跟随并创造差异化优势

◎每一个把企业做大做强的温州人，都有他们的创新故事。虽然，温州人的模仿能力十分惊人，把打火机、眼镜、低压电器等商品拆开再重装，然后，就能制造出一模一样的产品了。但他们在掌握技术之后，更多的是全力进行创新改进，不仅把产品做到一流，而且在营销手法上，也是百般变化。

◎温州人做生意，非常讲究特色。温州人起家的生意虽然小，但他们力求做到“人无我有，人有我新”，很容易一举成功。

◎在温州人眼里，到处都是钱，关键在于你如何去发现与赚钱。温州人很善于从旁人漫不经心的事儿中挖掘出赚钱的契机。

学会创新，一招鲜吃遍天

在经济竞争格外惨烈的今天，消费者总是喜新厌旧。因此，要想成功地吸引消费者的注意，就必须与众不同。当同一市场上出现同样的产品，盈利的机会就越来越小。如果不进行创新，将很难在市场找到一席之地。创新的方式是多种多样的，下面这个哥伦布立蛋的故事也许会给我们一些启发。其实，创新不需要多聪明，只需要多想一步。

哥伦布发现新大陆后，返回西班牙，女王为他摆宴庆功。

酒席上，许多王公大臣、绅士名流都瞧不起这个没有爵位头衔的人，纷纷出言讥讽哥伦布。

“没什么了不起的，我出去航海，照样也会发现新大陆！”

“驾驶航船，只要朝一个方向前进，就会有重大发现！”

“太容易了！这种事谁碰上谁出名！”

“哥伦布这家伙运气真好！”

哥伦布微笑着听完了大家的讽刺和挖苦，起身说：“各位尊敬的先生、女士，现在请大家做一个游戏——哪位能把鸡蛋在桌子上立起来？”

许多人跃跃欲试，但没有人能够把椭圆形的鸡蛋立在桌子上。

“我们立不起来，你也不能立起来！”于是有人说。

哥伦布拿起鸡蛋向桌子上轻轻一磕，鸡蛋的大头就凹了下去，哥伦布从容地把鸡蛋立在了桌子上。

“这太简单了，谁不会呀！”大家嚷嚷道。

“是的，这方法的确很简单，可是我说过了，这仅仅只是一个小游戏而已。”哥伦布笑着说，“但问题是，在这之前，你们为什么都没有想到过这个方法呢？”

温州人就像哥伦布一样，总能在商家林立的市场中找到新大陆，为自己开辟一番新天地。

许多刚开始经商的人，总是习惯于别人做什么，我也做什么，别人做什么挣钱，我也做什么挣钱。殊不知，市场是变幻莫测的，你要抓住消费者的眼球，必须要有与别人不一样的地方。

“一招鲜，吃遍天”正是许多温州商人在做生意当中遵循的一条原则。而“文化商人”钱金波就是他们之中典型的例子。

钱金波创业初期，创新推出“品牌开路、文化兴业”战略，使红蜻蜓快速成名，并成为皮鞋行业的经典奇迹。他先后成立鞋文化研究中心，出版全国第一部《中国鞋履文化辞典》，发行全国第一套鞋文化邮票，编辑出版全国第一套鞋履文化丛书《东方之履》……钱金波创造了众多鞋文化的第一，为枯燥无味的皮鞋产业加上了文化的翅膀。也使他的企业迅速发展壮大。

面对竞争形势的加剧，钱金波又开始他的另一个创新之旅。2007年，红蜻蜓在行业内首次推出“集成店”营销模式，进一步提升了红蜻蜓品牌在消费者心中的知名度与美誉度，使得单店效益得到突破性的提高。据资料显示，集成店的“平效”提高了30%，平均客流量比以前增加了25%！红蜻蜓终端集成销售模式取得了巨大成功，立即在业内业外引起强烈反响。集成销售模式被业界认为可能是未来很长一段时间内中国鞋业品牌终端销售的最佳模式。

经过两年的迅速推广，红蜻蜓已推出近千家集成店，网点覆盖了全国省会城市、经济发达城市。此次红蜻蜓在安庆开出的全国首家三层大集成店，将掀开集成店发展新篇章。按照红蜻蜓的营销战略，2010年，红蜻蜓集成店数量已经达到1600多家。

温州人创新的故事，非常之多。每一个把企业做大做强的温州人，都有他们的创新故事。虽然，温州人的模仿能力十分惊人，把打火机、眼镜、低压电器等商品拆开再重装，然后，就能制造出一模一样的产品了。但他们在掌握技术之后，更多的是全力进行创新改进，不仅把产品做到一流，而且在营销手法上，也是百般变化。因此，温州人在不同的行业，都取得不错的业绩。

但求特色，生意不大利润高

温州人做生意，非常讲究特色。温州人起家的生意虽然小，但他们力求做到“人无我有，人有我新”，很容易一举成功。其实生意不在于大，而在于特色，在于利润。对于刚起步的创业者来说，缺乏经验、资金不足是最主要的问题。所以做小本生意应该是最合适的，只要经营出自己的特色，做出自己的风格，保持一份恒心，相信你也会像温州人，闯出一片天地。

刘光华，生于浙江温州瑞安市仙岩镇河口塘村。14岁涉足商业，17岁成为老板，21岁只身闯荡欧洲，如今刘光华在世界著名时装之都意大利创立了自己的时装品牌。

1987年，21岁的刘光华带着美好的向往和激情只身出海。但由于资金太少，他不得不先打工，成为一名洗碗工。刘光华发现发迹的同乡都是从摆地摊卖家乡的衣服开始的。于是在罗马火车站摆起了地摊，赚到了一笔本钱。之后，就投入自己全部积蓄开了一个小门店做服装买卖。但开张后的小店却吸引不了几个顾客购买。没办法，他只有主动出击重新摆地摊，寻找中国服装固定的销售市场。但款式、品种不好的服装，被意大利人扔在地上。就这样一天连一件衣服也卖不出去，刘光华差点又破产。

刘光华为了打破这种状态，开始潜心研究流行服装的款式。

有一段时间，他每天晚上都在街上拍沿街橱窗的服装，几月后他拍回来大量的流行服装照片，并且买了很多款式的衣服。由于十分用心，他找到意大利客户的需求，设计出了不少适合当地人购买的衣服。因此，他的小店有了戏剧性的改变。后来，他聘请了自己的意大利设计师，紧紧把握服装的流行趋势，设计出了意大利人真正想要的服装。由于款式新颖、价格便宜，服装订单像雪片般纷至而来，生意很快成倍上升。虽然有一段时间，他被人骗了，损失了近百万元。但由于生意好，1996年，他开起了贸易公司，当年贸易额就达到了1亿多美元，成就了自己的一番事业。

从洗碗工到服装店老板，从接近破产的生意人到成为亿万富翁，刘光华就是在不断发现客户的需求中找到出路，找到机会。所以，成功的商人不仅是个热爱生活的人，还是善于观察生活的人。他们具有敏锐的洞察力，勤用头脑，有强烈的市场观念，而且敢想敢干，能在平凡中创造非凡。

1997年，温州商人吕秋实开始在美国发展自己的事业。他在纽约投资100多万美元，开了个中国餐馆。但在中餐馆不断涌现的美国，想开一家有特色的中餐馆非常不容易。

毕业中文系的吕秋实，有着扎实的文化功底。吕秋实开始想系统地将中国饮食文化全盘推出，以吸引美国顾客的注意。他从中国各地请来八大菜系的名厨，开始全方位地开发各菜系。在他的餐馆里，可以同时提供多份菜单，每一份菜单都代表了中国某一地域的饮食特色。他又从国内各地请来当地最典型的少数民族的少年男女，来到自己的美国餐馆里，穿上民族服装当服务员，这样使美国顾客在品尝富有地域特色的中国菜系的同时，也初步了解了当地的民风和民俗。

在饭店的装饰和装潢上，也力求体现中国特色与中国文化，比如在各个包厢里都装饰一些中国名人的相片，或者摆放着精美的中国工艺品。在餐馆隔壁，还专门设置了一个中国工艺品商店。在进入吕秋实的餐馆后，美国顾客可以根据自己的喜好选择包厢和菜谱，并且可以足不出户地感受川、黔、湘、鄂、华北以及东北等地的饮食文化氛围。这样一来，吃饭同时也成了一次中华风情体验，成为一次东方文化审美，这就是吕秋实力求突出的经营特色。

果然，经过吕秋实的精心设计和经营，这家餐馆成了纽约最著名的中国餐馆之一，宾客如云，不经事先预订很难占到座位。其中有不少顾客甚至是专为探讨中国饮食文化和民俗风情而来，以便亲身体验。正是凭借这张“特色牌”，吕秋实一炮打响，从此真正在纽约扎了根。

做生意不一定要做大，才能挣大钱。经营小商品、服装店、食品店、饭馆等，如果有足够的特色，满足消费者越来越强烈的个性化和差异化需求，同样可以取得高额利润，同样也能挣到大钱。

关注需求，生活处处有商机

很多人在打算创业的时候，都会抱怨：我知道做生意要做有特色的东西，但是我能想到的商机似乎人家都已经想到了。为什么温州人技高一筹，总能在不经意间找到商机，而且当你知道他们的商机时，你总是忍不住一拍大腿：“为什么我没想到呢？”

温州人告诉我们：商机是不断出现的，你现在想不到，并不代表你一直想不到。只要你关注生活，从生活中发现人们的需求，到处都有商机。

在温州人眼里，到处都是钱，关键在于你如何去发现与赚钱。温州人很善于从旁人漫不经心的事儿中挖掘出赚钱的契机。

“我不在家，就在拉芳舍，不在拉芳舍，就在去拉芳舍的路上。”这是拉芳舍的“开业词”，也是温州人耳熟能详的一句广告语。拉芳舍的成功，恰恰说明，创新的力量无所不在，关键是我们要有创意的眼光和思维。

温州人约朋友喝个茶什么的，经常不约而同地想到拉芳舍。拉芳舍这三个字诞生至今应该还在幼年期，可是它在温州早已经成为一种成功的标志符号，业界普遍认为拉芳舍是一个商界的奇迹。

拉芳舍诞生，究其本源和上岛咖啡还有一定的历史渊源。2001年，市区人林小芬打算开家咖啡店，与台湾的上岛咖啡联系上了，意外的是到开业时上岛咖啡原先计划好的技术人员却因种种原因不能及时到位，这下林小芬没办法，菜单和厨师自己先物色，于是跑到广州，订了菜单请了厨师，再请厨师根据温州人习惯的饮食方式和菜肴结构进行整合，一张聚集了“咖啡牛排、广东小吃、温州风味”的菜单就这样出炉了。

2001年11月份，市区半腰桥上岛咖啡开张营业，实质跟外地城市“上岛”唯一相似的只是招牌，从一开始就在经营的特色上偏离了上岛咖啡的轨道，也打破了温州人观念中咖啡馆的传统概念，却不料迎合了温州人的口味，很快得到了广泛认可和喜爱。

“上岛”的成功，促使林小芬在香港注册了香港拉芳舍国际集团有限公司，并在国内申请注册拉芳舍商标。2002年8月，在城市的东边一个并不繁华的地段，林小芬自创的咖啡美食休闲吧呱呱落地，取名就叫拉芳舍。

换汤又换药，就这样，彻底脱壳后的拉芳舍继续朝着自己的市场方向进行试验。

选择第一家拉芳舍店址的时候，出人意料，地点没有在黄金地段，可停车方便、躲避喧嚣正好是休闲人群的理想处所。“我不在家，就在拉芳舍，不在拉芳舍，就在去拉芳舍的路上。”这是拉芳舍的“开业词”，这个“仿效”性质的广告词，却就此让拉芳舍深深地烙在温州人的心里。也许是越简单越有效，拉芳舍最终胜出的是因为创造了属于温州人自己的文化，而现在，它正逐步渗透到全国各地有温州人聚居的地方！

拉芳舍选择上岛咖啡构成完全不同的特色经营，形成了独特的餐饮文化，塑造出了自己的品牌形象。

生活处处有商机，关键是靠我们去思考和发现。温州人赚钱的绝招就是锁定、瞄准他人的需要。每个人都知道，有需求就有商机。关注生活中的细节，多思考，发现消费者的隐性需求，你总会发现市场中新的机会。

第八章 险生意——做第一个吃螃蟹的人

◎人们常说：富贵险中求。财富和风险往往相伴相生。高风险就意味着高收益。温州商人从来就不怕风险，他们怕得是没有风险。在不断面临风险的过程中，温州人练就了过人的胆识，不再畏惧风险，并且能有效克服一切风险。

◎温州人的成功，就是一部敢于冒险的发家史。他们敢想、敢干、能干，凡事都敢于尝试，敢为天下人不敢为之事。就是因为这样，他们才不断地抢占市场先机，成为第一批先富起来的人。

敢于冒险，富贵方从险中求

人们常说：富贵险中求。财富和风险往往相伴相生。高风险就意味着高收益。温州商人从来就不怕风险，他们怕得是没有风险。因为没有风险的生意，意味着没有利润。他们认为“头道汤的味道最好，先人一步的生意最赚钱”。由于敢于冒险，温州人才能敢为天下先，做别人不敢想的事，做别人做不了事。也正是因为温州人有了胆大创业的意识，才有了温州人今天的辉煌成就。

温州人不仅不怕风险，更能挑战风险。风险很大程度上是人们在未知状态下普遍存在的恐慌和不安。所以冒险其实质是对懦弱人性的挑战和突破。温州商人说：“在别人不敢去的地方，才能找到最美的钻石。”在不断面临风险的过程中，温州人练就了过人的胆识，不再畏惧风险，并且能有效克服一切风险。

陈永是温州乐清人，在西安打拼多年，他所创立的高德公司已经成为当地瞩目的商业地产新秀。1998年，年仅20岁的他主动辞去派出所干警的工作，下海经商。下海的第一份创业是做服装生意。在李家村服装城，陈永每批发出一条裤子只能挣0.5元钱。刚开始生意冷清，后来经过他们夫妻俩不断改进工艺以及流程，慢慢地生意火爆。就这样他们积累了第一桶金。此后陈永也先后投资做其他生意，结果有赔有赚。

好景不长，他所在的李家村服装批发城被拆迁，因此，他不得不转行做别的生意。一个偶然的机会他听说有个温州朋友要打造一个批发商城，因此他想参与其中。地产生意是大项目，有可能大赚，也可能大赔，但凭着自己的生意经验，他毅然选择入股。结果，这一次地产生意让他狠狠地赚了一把。后来，又不断地接手做了几个商业地产项目。在积累一定的资金实力后，他将目光转移到西安周围的二线城市。独立操作起了大型商业地产。

温州精神中最重要的一点就是敢于冒险。这种冒险精神集中表现在温州人那种“愿为财富走四方”的果敢和豪放。“哪里有市场，哪里就有温州人，哪里没有市场，哪里就会出现温州人”，温州人淘金的足迹几乎遍布世界任何一个可以开拓市场的角落。

从目不识丁的农民到家庭妇女，甚至老太太，只要是为了赚钱，可以抬腿就走，从不犹犹豫豫、瞻前顾后。他们干事情，既不看权威人士讲了没有，也不看别人做过没有，只看实践中需不需要做，实践中能不能做得通。只要实践中需要的，他们都敢冒风险，想方设法地去做。他们凭着过人的胆识，抱着乐观从容的风险意识知难而进，逆流而上，往往赢得了出人意料的成功。而下面这个平阳老太太的故事，就是温州人津津乐道的创业老故事。

温州平阳一位老太太，看到家乡人外出收购兔毛能赚钱，她也走出了家门。她一不识字，二不会说普通话，便在口袋里装了两张纸条，左边口袋里的纸条上写着：“我是温州平阳人，请帮我买车票。”右边口袋里纸条上写着：“我要收购兔毛，每斤多少钱？”凭着这两张纸条，老太太竟走遍了大半个中国，成了万元户。

温州人之所以如此敢于冒险，很重要的一点就是他们不怕失败。而一个不怕失败的人，哪里还有什么风险可言。失败和风险都是成功之母，温州人恰恰就是这样看待失败和风险的。因为，每一次失败都将带来更多的经验，每一次失败，都将向成功靠近一步。正是有了这样的观念，温州人才能不断冒险，不断尝试，从而一步一步走向成功。

冒险并不意味着无视风险或放任风险。温州人敢想，敢干，敢于第一个吃螃蟹，但温州人绝不冒进，他们不熟不做、不实不干，始终保持着清醒的头脑和务实的态度，追求着实实在在的经营业绩。温州人相信，风险在一定程度上控制在自己的手中，只要自己做好充分的市场调研，根据市场的需求做出准确的判断，风险是可控的。

温州人敢于冒险，这是他们成功的起点。而温州人善于把握风险，这更是他们成功的秘诀。温州人在风险面前，从不被吓倒；温州人在处理风险的过程中，总是能把风险变成机会。这就是我们要向温州人学习的地方。

敢为人先，做第一个吃螃蟹的人

温州商人从小骨子里就有一种不同寻常的冒险精神，敢为人先，敢做第一。一般人发现“没人干过这种事，没有先例可循”，就开始退缩。而温州人认为“没人干过怕什么？没人干也就没人跟你抢市场嘛”。敢为人先的胆识是每一位温州商人所具有的特质。温州人总是走在时代的最前面，做财富的探路者。

在中国改革开放之前，温州人为了生存就敢于走南闯北，而改革开放一旦开始，温州人就更是大胆迈步向前冲。他们不问市场有没有，不管别人怎么看；他们只管市场需不需要，只要市场需要，他们就敢想敢做，甚至敢于打破体制的禁区，因此温州创造了众多的第一。

中国第一座农民城、中国第一座商标城、中国第一批农村专业市场、中国第一家实行利率改革的农村信用社、中国第一个私人跨国农业公司、中国第一个私人包机公司、中国第一个股份合作制的城市信用社、中国第一个股份合作制企业、中国第一份关于私营企业的地方性法规、中国第一份股份合作制企业的地方性法规、中国第一个制定“质量立市”地方性法规的城市……

温州商人章华妹成为中国第一份个体工商营业执照申领者。她的营业执照是工商证字第10101号。温州人周成建第一个尝试“虚拟经营”，使企业快速扩张；温州人彭星第一个邀请美国前总统做形象代言人，迅速提升企业形象。

温州人的胆大是出了名的，胆大“包天”、胆大“包海”、胆大“包山”的故事，早已传为佳话。温州人看中的生意常常会让人觉得他们异想天开，而他们却是胆大包天、包山、包海的人。也许这种买卖，只有温州人敢做，因为温州人总是敢于做第一个吃螃蟹的人。

胆大“包天”者：王均瑶。那时候，敢于异想天开，去包飞机、包航线的人，应该不止王均瑶一个，但是真的敢去放手大干的人绝对只有他一人。因此，王均瑶被誉为“胆大包天”第一人。

胆大“包山”者：金忠苏。1992年“包山”者金忠苏，温州雁荡山“醉仙楼”老板金忠苏承包开发温州雁荡山景区方洞、净园度假村等旅游项目，成为民间资本开发雁荡山景区第一人。

胆大“包海”者：章烈成。1995年温州平阳雨田集团董事长章烈成投资5800万元，成立了南麂岛开发有限公司，买下南麂岛1750亩土地使用权和10098亩海域的开发使用权，成为中国“包海”第一人。

他们敢想敢做敢冒险，凡事敢为人先。正是温州人这种冒险精神，才令他们创造了众多奇迹。也正是他们有这种“胆大包天”的过人胆识，才使许多温州人快速赚到了第一桶金，成为第一批走向富裕的人。

温州人不仅在国内敢于冒险，而且在国外，也是敢想敢做、敢于竞争。他们敢于远涉重洋，在国外与外国人竞争，在美国、法国、德国、俄罗斯、巴西、迪拜、智利等国家建立一座座“温州城”，他们敢于和外国人做生意，敢于和外国人交朋友，敢于和犹太人竞争。他们敢于和国际巨头合作，也敢于和国际巨头挑战和竞争。

2002年5月，飞利浦公司向浙江省知识产权局诉称，多家温州剃须刀企业分别侵犯了该公司两项剃须刀外观专利权，提出要求涉案企业停止侵权。类似事件，在温州已经不是第一回了，自从2001年9月温州被评为中国剃须刀生产基地后，飞利浦就紧紧盯上了尚不足以成为竞争对手的温州。飞利浦当时起诉侵权的企业有十多家，受到侵权指控的7家企业率先站出来应诉。事实上，起诉方虽然针对只是几家企业，但被起诉方一旦败诉，则整个生产相同产品的企业都将停产。为了此案，温州市有关部门特意安排协会负责人与全国人大专利执法调查组和国家知识产权局专家进行会面沟通，并到美国等地取证，证实飞利浦公司指控温州企业两项专利侵权并不存在。这个案子经历了6次诉讼，2005年11月份，北京高院作出终审判决，否定了飞利浦公司的侵权指控，温州剃须刀行业打了个漂亮仗。

他们甚至敢于突破不合理的国际贸易壁垒，敢于向各种不合理的贸易制裁发起挑战，他们不惜代价打起了“洋官司”。

2002年，温州市烟具协会被迫应对欧盟CR法案。当时主张积极应对的温州市日丰打火机有限公司董事长黄发静，却得不到同行的理解。甚至有人嘲讽他：“脑子放点进去，连拼音aoe都搞不清楚的，还能跟洋人打ABC官司？”但就是这样，温州烟具协会副会长黄发静、会长周大虎组成“中国民间第一团”，随同经贸部出访欧盟，历时18天，经过十多次多边会谈和交涉，终于使欧盟原定于2004年6月19日起强制执行的CR法案被搁置。

类似这样的法案和“洋官司”后来在温州人的经营中，屡见不鲜，甚至成为家常便饭。敢为天下先的温州人，就这样一边摸索着和国际巨头竞争，一边学着打起了洋官司。

温州人的成功，就是一部敢于冒险的发家史。他们敢想、敢干、能干，凡事都敢于尝试，敢为天下人不敢为之事。就是因为这样，他们才不断地抢占市场先机，成为第一批先富起来的人。

第九章　情生意——打造中国式人脉

◎家族化经营是温州企业管理中最常用的管理模式，这种简单有效的管理模式，由于家族成员的艰苦奋斗，容易将一个小作坊，快速做成一定规模的企业。为温州企业的发展起到一定的推动作用。

◎温州商会和行业协会在促进温州民营经济的发展过程中发挥了极其重要的作用，已经成为“温州模式”的一个重要组成部分。温州商会的运作经验对我国其他地区具有十分重要的借鉴作用。

◎商会是温州人在各地征战商场的利器，有了温州商会的支持，温州人能够快速实现资源共享、互利互助，降低交易成本和风险。

人亲心齐，家族合力打天下

温州人经商的特点是典型的群狼效应，他们不崇尚孤胆英雄，崇尚群体奋斗、家族奋斗。温州的成功商人中，有许许多多的家族制企业，他们大多是白手起家，经过家庭小作坊的生产模式，一步步发展壮大，其中浸透着这些创业者的心血和汗水，也凝聚着他们无法割舍的情感。

海外温州商人、巴黎飞天公司总经理张远亮说："我初创业时租的就是那种最便宜的顶层小阁楼，30平方米，一台机器每天转，再加一张桌子，晚上用来睡觉，白天用来做工。工人是回乡找的亲戚朋友。我们来巴黎的温州人几乎都是这样：不断从家乡找来兄弟姐妹一起做，所以很多人出来的时候孑然一身，回乡探亲时已经是妻儿亲戚十几口人。我们起初甚至捡来犹太人扔掉的布头或碎皮，做成小钱包出售。同样一个皮包，别人卖25块，我卖20块。压低了成本和价格的货品，市场很快就光亮起来。"

无独有偶，康奈发展成为一个现代化的庞大集团，仍然希望采用子女接班的模式，完成集团的未来发展规划。虽然康奈集团的接班人是家族制，但康奈集团的运营管理却是完全按现代化的管理制度来进行的。

郑莱莉，康奈集团副总裁。她的名片显示，她还是康奈“新”业务板块——商业地产的董事长，同时，她还担任集团的财务总监和投资公司总经理。

郑莱毅，康奈集团副总裁。与姐姐言辞间透露的犀利相比，弟弟郑莱毅，这个20世纪70年代末期出生的年轻人，则表现出了异乎寻常的持重内敛。对于一般人“创业难守业更难”的说法，他坦言：“我个人认为只有创业跟二次创业的问题，不存在创业跟守业的问题。”

而郑秀康对自己的接班人很是满意，并对儿女寄予了厚望，他曾发言表示：“让我们感到高兴的是，康奈的第二代人已经成长，他们视野开阔、学习上进、敬业肯干，有强烈的信心和责任感。我相信经过自己努力和不断提高，他们能够青出于蓝而胜于蓝。”

家族化经营是温州企业管理中最常用的管理模式，这种简单有效的管理模式，由于家族成员的艰苦奋斗，容易将一个小作坊，快速做成一定规模的企业。为温州企业的发展起到一定的推动作用。

温州企业现在大多数仍然采用家族化管理。无论企业的规模做得多大多强，其用人机制的核心人物通常是按血缘、亲缘、地缘等原始关系，形成一层一层向外扩散的同心圆，这也印证了“打仗亲兄弟，上阵父子兵”这句话。尽管这些企业往往戴着“集体企业”或“股份制企业”，甚至“中外合资企业”的各式帽子。

家族管理的优势在于向心力强，便于形成一种垂直的管理方式，从而形成执行效率快的时间与速度概念。而家族管理的模式并不代表独断专行，我们可以从在成功商人中有“常青树”之称的鲁冠球身上看到家族管理模式的效益与魅力。

鲁冠球以举贤不避亲著称。他说，他用人的原则是，既要“任人不唯亲”，又“举贤不避亲”。

在中央电视台2001中国年度经济人物的颁奖晚会上，北大光华管理学院的常务副院长张维迎问他：“据我所知，您一直非常注重接班人的选择，并且我也听到说您已经选定您的儿子成为您的合法接班人，您为什么选您的儿子？在您的公司里边没有比您儿子更能干的人吗？如果有，您选您的儿子的理由是什么？”

鲁冠球大大方方地回答说：“我现在选我儿子，如果将来谁有能力超过我儿子的话，我可能会重新选择，这个是可以改变的。”

鲁冠球曾评价鲁伟鼎说：“他从1992年开始做副总，1994年开始做总裁，这些年来，企业都在不断持续发展，证明这个人选对了。企业经营好坏，一个人有没有能力，半年就可以看出来了，因为各种经营数据、指标都摆在那里。”

在万向集团，除了鲁冠球的儿子，他的女儿和女婿也都担当着非常重要的职位：他的3个女儿和女婿分别是集团驻北京、深圳和美国公司的负责人，而这3个地方分别是万向集团在国内外发展的要地。

其实分析鲁冠球的用人，我们不难看出鲁冠球现实的考虑，鲁冠球正当盛年，作为万向集团的董事局主席，仍然执掌帅印，鲁伟鼎任总裁，负责万向集团的日常运营，逐渐完成自然交班。万向集团的主业汽车零配件以出口为导向，海外业务以美国为中心，由女婿倪频担纲，成为鲁伟鼎的辅佐。这样的布局面对产权可以有一定的弹性，鲁冠球的用心可见一斑。

鲁冠球能在短时间起家，在长时间内保持良好发展势头，不依靠家族以外的人才是不行的。鲁冠球一直认为，企业兴旺的秘诀在于用人机制，企业如果积聚了一批有德有才之人，就是这个企业最宝贵的资产；如果容纳了一些有才无德之人，那是企业的最大负债，会后患无穷。

力帆集团老总尹明善总结他的创业经历时说："创业之初，忠诚比什么都重要，因此，我们必须用人唯亲，用人唯情。在企业的发展壮大过程中还要贤亲并举，任人唯亲是为了求稳定，任人唯贤是为了求发展。我看家族式管理的前景在中国应该是50年不变的。"

经商做买卖不是一个人的事，要和很多人打交道，也会和很多人同事，关键是还要和很多人有利益上的往来。这就意味着，信任极为重要，必须要找到对己忠诚的人来帮忙。这时候，家族成员是最好的选择。当然企业发展到一定阶段，家族化企业也要吸收现代化企业的先进经验，不断完善，为自身发展注入新的力量。

温州商会，温州模式的一大亮点

在温州，民间商会早已成为温州企业离不开的组织。随着温州商人走南闯北，温州商会在全国各地，甚至世界各地纷纷建立起来，成为温州商人最踏实的家。温州商会和行业协会在促进温州民营经济的发展过程中发挥了极其重要的作用，已经成为“温州模式”的一个重要组成部分。温州商会的运作经验对我国其他地区具有十分重要的借鉴作用。

温州商会是温州人最重要的关系圈。温州商会将组织行业自律、维权、组团参展、服务、协调、管理等工作。在加大对外宣传推广，提升温州产品的整体形象方面，作出了极大的贡献。应该说，温州之所以产生了如此多的中国驰名商标和名牌产品，与温州商会和行业协会的努力，是分不开的。

在温州，商会、行业协会是知名度最高、最有面子的经济中介组织。很多人印名片都把董事长、总经理的头衔摆在最上方，而温州企业老板都愿意把所在商会的职务放在最显著的位置上。商会和行业协会在温州人的生意圈，有着举足轻重的作用。商会是温州人在各地征战商场的利器，有了温州商会的支持，温州人能够快速实现资源共享、互利互助，降低交易成本和风险。

金融危机下，商会同样给温州商人提供了温暖。2008年冬季有这样一则报道：

乐清柳市工商业联合会（商会）里，那些有实力但暂时有还贷困难的中小企业，无疑是幸福的，因为他们可能会获得商会提供的一笔“救急费”而得以成功周转。柳市商会会长郑元豹向记者证实，这笔“救急费”已经无偿周转了好几回。

据柳市商会会长郑元豹介绍，当年商会推出这个政策，主要是出于稳定中小企业成长的考虑，在当年总体经济不景气的情况下，帮助暂时有还贷困难的会员单位渡过难关。他认为，“发展自己的企业是科学，但带动大家一起发展更科学”，“大企业家要有大胸怀”。因此，郑元豹主动发起，并联合了正泰、德力西、天正，共同出资2000万元作为商会的“救急费用”，为一些还贷暂时有困难的会员企业提供无偿帮助。

还有更多的报道表明温州商会和行业协会对温州企业集体过冬的大力支持。

2008年，对于温州阀门行业来说是难熬的一年。事实上，从2007年下半年开始，阀门行业中的中小企业已经感受到了这种寒冷，这种市场带来的寒冷迫使它们寻找大企业挂靠、抱团重组以求生存，许多阀门行业的无区域集团悄然发生着这样的变化：原本旗下企业是5家的，现在变成了10家甚至20多家。

2008年10月，面对当前的市场寒流，立信携手安能、希伯伦、立正、牧羊、云和等5家同行中小企业，创立“1+N”合作模式，重组成立了立信集团。之前，立信也是一家年产值只有5000万元的中型企业，重组之后，这家公司年产值超亿元，具备了参与大项目招标的资质，并接连拿下了不少订单。

这种“1+N”的合作模式，正成为永嘉泵阀产业“突围”的新途径。针对当地泵阀企业抱团合作的新势头，政府也出台了优惠政策，在各方面给予支持。

这种“以大带小”共克时艰的做法，在温州的其他行业也可以看到。温州的紧固件企业就相互协商放弃过去的低价竞争，进行企业联合。一些大企业“照顾”小企业，把订单交由小企业生产，小企业成为大企业的一个生产部门。在这场寒冬中，温州大小企业主动“联姻”，取长补短，抱团过冬。

除了以大帮小的模式，温州商会也进一步促成销售战略联盟。

温州市鞋革行业协会会长郑秀康说，该协会曾积极促成同行业、跨行业企业之间联合，形成销售战略联盟，构建营销团队，“抱团”开辟新市场。作为行业龙头，康奈将发挥中国名牌产品、中国驰名商标等品牌龙头作用，愿意帮助更多的鞋企实行品牌联合，引入加盟连锁等现代经营方式，开设品牌超市，发挥联合优势，壮大品牌经济。当然，无论是大帮小，还是抱团取暖，最终达到的目标是，在国家保增长扩内需的背景下，充分利用温州已有的优势抢夺更多的市场蛋糕。

温州人的人脉网络在应对全球金融危机时作用是巨大的。而面对金融危机时，温州企业抱团过冬，“汇集名优品牌抱团打入100个大中城市，联合开拓国内外市场”。面对这次全球性的金融危机，遍布世界的海外温州籍侨商，借助强大的温州人营销网络，帮助温企拓展全球市场，全力开辟“海外战场”。

自1998年建立首个境外中国商城——巴西圣保罗中国商城至今，温州人连续在美国、芬兰、俄罗斯、阿联酋、喀麦隆、英国等世界各地，设立了众多经过批准的境外中国商品城。来自温州的各种商品源源不断从这些中国商城里销往世界各地。这就是温州企业与其他地方企业不一样的地方。

第三部分

困境——温州人该反思了

◎2008年的金融危机，令温州企业备受打击。然而，这场金融危机的惨重后果，并未在当时全部显现。就在人们以为危机已经过去的2011年，欧美债务危机，将全球经济再一次拖入谷底，而温州企业的危机也随之再次出现更为严重的困局。

◎温州困局，不仅是温州企业面临的问题，而是中国所有企业都将面临的难题，只不过是，温州提前赶上而已。

◎温州企业由于大多偏小，很多企业主在跟随战略的状态下，看到什么赚大钱，就做什么；做好一样不够，还得多做几样。如此盲目扩张，盲目多元化，终使企业陷入泥潭。

◎审视品牌，找到新卖点，保持新形象。这是温州众多品牌需要做的基本功。当前有许多温州品牌，与大众交流太少。因为他们认为只要把品质做好就可以，从而忽视了与消费者的沟通，忽视了品牌传播。这就是温州品牌推广力度不够的原因所在。

◎温州企业当前面临的问题，在企业成长史中并不是什么新问题，而是经常要遇到的老问题。只不过，需要更多具有优秀企业家精神的温州企业家去经营和改变温州企业的现状。

◎温州人走到哪里，就“炒”到哪里。近年来，温州人给人印象最深的就是一个“炒”字，从炒房产、炒煤炭、炒商铺、炒棉花，到炒石油、炒油田、炒车、炒电、炒汇，无所不“炒”。温州人在“炒”作大浪退却后，开始不得不考虑温州资本的出口，并为温州资本找到一个可行的出路。

第十章　温州人面临的六大困境

◎2011年，温州众多知名企业崩盘和温州企业老板出逃、跳楼的消息，经由媒体报道出来，引发人们对温州企业更深一层次的担忧。

◎目前那些曾经“跑路”的企业家，已经有一部分人陆续回到了温州，他们将重新带领自己的企业，突破困境，走上复苏之旅。

◎温州经济一直处于快速发展的状态下，缺乏面对经济困局的经验，也没有树立起良好的战略意识、变革意识和危机意识。

◎温州人敢炒，善炒，曾经是善于捕捉商机的代名词，甚至对民间资本投资具有风向标的作用。但随着市场的逐步规范和政府的管制，人们对温州“炒客”越来越警觉。

危机之困：金融危机下的温州企业困境

2007年8月，美国发生了房地产次级抵押贷款危机，这股次贷危机风暴席卷美国、欧盟和日本等世界主要金融市场，引发了2008年世界金融危机，导致全球经济进入衰退。欧州国家冰岛，濒临倒闭，经济处于高速发展的中国也难免受到这次危机的严重影响。

国际金融危机的猛烈冲击波，给以出口加工为主的温州中小企业带来阵阵寒意。据统计，到2008年11月末，温州产值过 500 万元规模以上企业国外订单减少 20.7 %，国内订单减少12.5 %。金融风暴对温州企业的影响是巨大，外贸订单急剧减少，加工利润所剩无几，企业生存十分困难，这导致不少温州企业不得不倒闭、关门、停产、转产。下面的几个现象足以说明金融危机的影响之大。

温州市的打火机企业数目已经从1000多家锐减到了70多家。来自温州市鞋革行业协会的消息称，现在还有2600家鞋类企业生存，在2005年相关媒体的报道是温州有鞋类企业近4000家，从业人员40多万人。在中国有纽扣、拉链之乡之称的桥头镇，纽扣厂家已经从鼎盛时期的560多家缩减到了现在的50多家。眼镜特别是太阳镜的行业，因为利润本身非常薄，加上现在这些因素的综合影响，温州有不少太阳镜的生产企业，现在都出现或多或少的困难，有的企业干脆就处于停工等待转型的状况。

温州近一半以上以出口为主的服装加工厂处于停产或半停产状态，工人流失严重，温州制造业正面临艰难的转型。

电器行业的日子一样也不好过。在“中国电器之都”的柳市镇，情况已不容乐观。人民币升值，客户现在已经不敢交易了。以前两三天就会收到客户的订单邮件，金融危机爆发后，一周都等不来一个。

2008年7月，温州政府对全市31个工业强镇和开发区的15521家中小企业进行调查。调查发现，有1009家企业停工或半停工，另有250家企业倒闭，合计1259家，占调查企业总数的8.1%。

2008年的金融危机，令温州企业备受打击。然而，这场金融危机的惨重后果，并未在当时全部显现。就在人们以为危机已经过去的2011年，欧美债务危机，将全球经济再一次拖入谷底，而温州企业的危机也随之再次出现更为严重的困局。“温州企业资金链断裂，民间借贷恶化侵蚀实业利润，企业老板卷款逃走，温州企业倒闭潮再现”的言论，不断被扩大，虽然最后政府结论是目前温州尚未出现大面积的企业倒闭潮，但广大温州企业生存状况正陷入多年来的最低谷。种种迹象表明，温州企业面临着前所未有的困境。

2011年，温州众多知名企业崩盘和温州企业老板出逃、跳楼的消息，经由媒体报道出来，引发人们对温州企业更深一层次的担忧。

2011年清明节后，坐落在温州工业园区机场大道的江南皮革，老板黄鹤携妻儿一去不复返，扔下拖欠104家供应商的1.63亿元欠款，以及涉及10多家银行的债务。

2011年4月下旬，温州知名餐饮连锁企业波特曼因老板严某突然

“失踪”而停业。严某在离开温州前给当地政府留下一封信，称自己遇上经济危机，希望政府出面协助。

2011年5月下旬，乐清老牌的电缆业巨头三旗集团爆发财务危机，公司因欠银行1.23亿元贷款被起诉。

2011年9月9日下午，在龙湾颇有名气的家电老板郑珠菊，郑珠菊共欠债权人现金借款、银行承兑汇票等高达2.8亿元，其中现金1.8亿元，银行承兑汇票1亿元左右“落跑”半个月之后，在温州经济开发区滨海园区被警方抓获。

9月22日，各大媒体报道，“温州最大的眼镜企业浙江信泰集团董事长胡福林负债出逃，引发温州企业界一次大地震”。虽然，胡福林于10月初从美国返回，有关“出逃”的传闻自动中止。但信泰集团面临的困境确实非同一般，只有在企业、政府、银行和协会等共同支持下，才能顺利度过难关。

9月27日下午，温州正得利鞋业的老板沈奎因债务问题从温州市区顺锦大厦22楼跳下身亡。对于沈奎跳楼身亡，该企业员工和温州各界都深表惋惜！

温州官方的多项调查显示，2011年前三个月，温州眼镜、打火机、制笔、锁具等35家主要出口导向型企业利润同比下降约30%，亏损面占1/4多；全市企业的一项抽样调查显示，认为当前资金吃紧的企业占到42.9%。

“现在企业的困难远远大于2008年金融危机的时候。”这是当地多位企业家和官员的共同评价。“每个人都很紧张，苦苦撑着，咬紧牙顶住。”温州龙湾区的皮革制造商刘秋同形容说。

为何上述危机一波未平，一波又再现呢？其根本原因，就是由于温州企业是以外贸加工为生存依赖的企业群体，一旦国际经济再次陷入危机，外贸订单急剧减少，温州企业就被迫减产、停产、关门。另外，“金融危机后所引发的通货膨胀，原材料成本迅速上涨、人力成本提升，再加上中国近年银根紧缩，企业融资成本大幅度上升”，温州企业在这多重压力之下，难有喘息的机会，被迫陷入“四面楚歌”的境地。

面对上述种种情况，国际、国内的经济学家，一致认为温州企业要想走出这场困局，只有调整产业结构，从完全依赖出口，转型成为部分依赖出口、做好国内市场，从纯粹依赖加工订单转型成为以加工订单为辅，自主创立品牌为主的品牌运营型企业。

虽然危机接踵而至，问题层出不穷，但大部分温州人仍然以乐观的精神面对困难。面对危机，温州人依然很淡定。

一位温州老板平静却也无奈地说：“如果说这次金融波动是危机，那么什么时候没有危机呢？正如‘在鱼的眼里没有水灾，在骆驼的心里不会有旱灾’一样，对于一直身处各种危机中的温州人来说也无所谓危机。”

“相比于改革开放前夕，做生意赚钱还要经常面对坐牢杀头的威胁，金融危机不过是市场的波动，正常得很，有什么好惊慌的。问题来了想办法解决就是了。金融危机带来的问题与以往遇到的困难相比没有什么不同。我们现在拥有财富、人脉资源以及经验，比起当年创业时只有一张嘴两只手来讲，还有什么解决不了的困难？”

温州困局，不仅是温州企业面临的问题，也是中国所有企业都将面临的难题，只不过是温州提前赶上而已。

经营之困：经营模式落后，产品附加值低

毫无疑问，温州是中国改革开放历史中活跃的先锋，是市场化进程中的草根力量，拥有20年来最脍炙人口的财富增长故事。温州人的财富和他们创造财富的能力全球闻名。然而，近年来温州企业的经营模式落后，产品附加值低，利润越来越薄的问题也日益突出。

1.集中在劳动密集型的传统产业，利润率低

由于温州人创业起点低，最早创业大部分是作坊式生产，并且都是以加工出口为主要业务。因此，温州企业长期以来实行的都是“低成本、低价格、低利润”的竞争战略，其企业规模的增长，主要靠“量”的扩张而非“质”的提升来竞争。温州大都是劳动密集型的轻工产业，产品的平均利润只有5%左右，如果外部环境一恶化，利润空间立即下降甚至出现亏损。

在温州，像打火机、制鞋等行业很多企业处于没有利润，或者是微利状况，比如原来有5%、8%或者10%的利润，现在可能只有1%。特别是中小企业，基本上都处于求生存的状况。它的利润空间越来越小了。

金融危机期间，记者在采访温州平阳县的奥光印刷器材有限公司的时候，企业两条生产线只有一条开工，工人半工半休。“真没

想到市场变得这么快。就在上半年，我们的生意还是好好的。9月以后，就一个海外订单都没有了。去年公司外销挣了500多万美元，公司还投入2000多万元上了一条新的生产线。”公司总经理洪水远忧心忡忡地说。

洪水远今年51岁，已在用于印刷的ＰＳ版产品领域摔打了近10年。现在的市场景况，他从未碰到过。“我们的外销基本占了产值的一半，现在外销突然消失了，都是金融危机闹的。尽管我们的产品由原来的每平方米3.5美元下降到3.1美元，但对方还是不要。”洪水远说。

而外贸订单直线下降，据统计当年平均外贸订单约减少30%；在金融危机下，原来讲诚信的商家，现在也变得困难重重。外商违约现象严重，爽约率10%；外商“逃账”、“赖账”现象严重，很多企业货款无法收回，约200亿元货款被拖欠；国际贸易争端增加，外商转嫁危机。

业务量急剧减少，业务利润下降，回款困难，但温州的生产要素（土地、水、电）成本却不降反涨，现在的温州工业用地费用已达每亩200万元以上，导致用地成本居高不下；劳动力与原材料价格上涨；上述种种情况表明，温州企业的利润肯定面临大幅度缩水。

2.低附加值是温企升级的困境

温州人从“小”起步，把“小”做“大”。温州企业就是从经营一颗纽扣、一枚徽章、一个开关开始的，凭着温州人的勤奋、务实精神和温州人的销售能力，把市场做到世界的每一个角落，创造出令世人瞩目的商业成就。

“小产品，大市场”在某种程度上成就了温州人，但也让温州人逐渐面临一个困境，那就是“小产品”的附加值低。以温州为代表的民营企业，绝大多数是低技术含量、低成本、劳动密集型的生产和家庭工业，服装、制鞋、制革、打火机、眼镜、汽摩配、阀门等，已成为温州产业的代名词。但这种先天产品附加值较低的密集型产业成为了温州民企的产业升级障碍。

温州制笔行业始于1984年的家庭作坊，当时仅生产水彩笔。2000年，生产企业已发展到135家，其中年产值500万元以上的企业40家，1000万元以上的企业20家，3000万元以上的企业7家；总产值近10亿元，占全国制笔业产值的1/3；年产各类笔65亿支，品种有水彩笔、自动铅笔、圆珠笔、自来水笔等四大类100多种，成为我国目前最大的制笔基地。

虽然温州制笔行业的产品质量已开始接近韩国、中国台湾同类产品的水平，但由于目前产品开发以样品仿制为主，且关键部件如笔尖等依赖从国外进口，产品附加值较低。这是温州制笔行业创品牌的一大制约。

虽然，温州众多企业如正泰、德力西、人民电器、康奈、奥康等企业集团早已完成了产业升级，但众多的中小型企业仍然停留在十年前的产业状态，成为了急需转型升级的老大难。由于长期在低廉的劳动力、较低的土地成本、政府的优惠政策、银行的优惠贷款等方面得到支持，温州企业得到快速发展。但发展起来的温州企业还是寄希望于上述“利好条件”，于是更多的温州商人把精力集中在到处寻找更优惠的政策上，很少去关注核心技术的培养与创造。

这导致众多企业在核心技术、管理能力等方面毫无提升。

在金融危机爆发之后，很多温州企业仍然在寻求政策利好，把企业转移到中西部地区，希望能在那里找到生存之路。但是，从经济发展的长远角度考虑，低成本远不能打造温州企业的核心竞争力。如果温州持续走低成本、低附加值的路线，那么企业离死掉只是几步之遥。从低端到高端的产业转型升级，以消费品牌为中心创新商业模式是促进温州产业升级的关键。

3.致命的低价营销策略

从温州的发展历史来看，一代代温州人，为争取市场，已经惯于打出最简单、方便的价格牌，高举产品低价位旗帜，在国内和国际市场上攻城掠地。然而，随着时代的变迁，消费者的精神需求日益增多，温州产品的低价竞争，在市场上就遇到了前所未有的阻力。

温州人在创业初期，一般是一个家庭一个厂，老板也是工人，由于是为自己劳动，起早贪黑，其生产出来的产品必然成本极低，形成了早期温州人拼市场时所谓的成本优势。在企业发展到一定的规模后，温州人才开始大量雇佣廉价劳动力并延长工作时间，进行全力以赴地冲刺，以求在有效时间内强占市场，获取利润最大值。

在浙江义乌的小商品市场上，价格低得让人无法想象。10元买3双的白色棉运动袜，那里卖7角；100支装的双头棉花签在上海家乐福大卖场卖1.2元，那里卖0.19元；牙刷，最新保健型、窄头、牙刷毛带波浪形的，100支外配一个很好看的塑料手提包，15元；护疮膏、拜迪牌和邦迪牌的形状一样，马路上有巨幅广告，100片一盒，

2.7元。一个在上海要卖到100多元的洋娃娃，在这里只卖20元！十几元的玩具手枪这里只要3元！至于各种女孩子喜欢的漂亮饰品和工艺品，50元可以买一大堆。

当低成本、低价位、新款式的温州产品大量进入国内、国际市场时，国内国外厂家的同类产品根本无法在价位上与其抗衡。而这种行业内无序竞争是一种不正当的企业营销方式，其危害性很大。对外，它扰乱了市场正常的竞争秩序；对内，它使得企业无暇顾及产品功能的完善和企业生产能力的提升，这将使企业逐渐失去市场竞争力，严重影响到企业的持续发展。

长期以来，这种以同质化的中低档产品为基础、以价格战为主要手段的行业内无序竞争，引起了国际上很多正规的进口商与进口国相关制造商的强烈反感和不满，使温州商品在国际市场上频频受挫。

另外，温州制造的产品科技含量低，多以贴牌生产为主。因此某些企业的开拓和创新能力也渐渐失去，进一步发展的原动力也随之失去。而没有研发能力、科技含量低的企业的产品价格虽低却没有竞争力。对此，温州商会的一位领导曾说："我们有些企业为了挤入国际市场，总热衷于以低价策略为先导，不注重产品开发，使产品始终戴着一顶低价帽。"

市场经济是竞争经济，低价销售作为一种竞争策略，但仅仅靠低价，是难以持续保持竞争优势的。因为消费者的需求在不断升级，低价并不一定能从竞争中胜出。

如今的手机市场，正在证明低价就是落后，高端才有未来。国际巨头诺基亚、摩托罗拉、三星等手机企业都无法阻挡苹果的高端手机的疯狂增长，国内手机企业更是只有把高端市场拱手相让给苹果和安卓。

事实上，温州产品要想在国际市场上站稳脚跟，应从恶性的“价格血拼”向品牌经营的良性竞争发展，这才是未来真正的出路。

4.产品同质化倾向日趋严重

过于集中的产业布局，以及创新不足，又加上这些产业多为传统产业，必然导致制造出来大量的低利润率的同质化产品，打价格战不可避免。当一个行业或一个产品兴起或出现高利润率的时候，仿制跟进者就会增多。

在产品同质化倾向日趋严重，市场竞争日趋激烈的情况下，技术不再成为企业领先的唯一理由，成本管理对利润的贡献也不会达到很大程度。如何以客户为中心，形成开创新的局面或更新旧有的商业模式，便成为企业制胜的关键。

在我国，中小品牌的成长过程往往是：以跟随者的姿态效仿同行中的知名品牌，由此带来同质化的扎堆生存，品牌塑造缺乏颠覆竞争对手来实现自我成长的平衡力，竞争没有高度感和持续性，最终演变成微利的挣扎。

据统计，国内男鞋和女鞋的平均消费需求比例是1：2.5，这个数据说明女性消费者对穿戴的产品和品牌的需求空间远远大于男性。女性对产品类别、款式、材质、功能、色彩和季节等要求更丰富，更灵活。所以，就发展空间而言，女鞋品牌应当是男鞋的3倍以上。

但是在这巨大的女鞋市场中，温州女鞋的品牌影响力还很弱。因为，温州女鞋给人的印象模糊不清，过分雷同。不同的鞋盒相同或相似的鞋。同样的美女明星代言，大家看到了“美女”，却记不住美女背后所代表的品牌。不仅宣传推广手段相同，就连销售渠道也都一样。

虽然“同质化”对于“温州女鞋”的初创时期是有帮助的，但在经营温州女鞋的过程中，同质化就是一种巨大的障碍。

5.产品寿命越来越短

当前，新产品越来越多，我们能够接触到的产品渠道也越来越广泛。然而鲜为人知的是，新产品失败的比率也在持续增长。在中国，接近95%的新产品以失败告终，是什么导致了这一切？这主要是新产品被不断投放市场，迫使竞争乏力的产品退出市场。

以手机为例，在过去，一款新手机至少可以在货架上摆放1~2年不被淘汰，那时消费者选择的产品余地较小，在购买过程中产品占据主导地位。现在的情况是，手机厂商每过几个月便有新产品推出，这些新产品在外观、附带数码相机功能、像素大小、上网功能或GPS导航功能方面不断革新，但价格相较过去却未大幅上升，因为竞争对手也在推出拥有类似功能的产品。部分旧产品仍未被撤出货架，但已少有消费者问津，价格也跌去大半。与此同时，新产品的大量上市，刺激了消费。消费者更换手机的频率也越来越快，有调查显示，一年之内更换两部以上手机的年轻消费者不在少数。在大多数消费品领域，竞争在不断升级，每一款新产品成功推出，都将从老产品手中抢夺一部分市场份额，竞争品牌也在相继推出新产品。每隔一段时间，便会有一批老产品退出市场，产品的生命周期大大缩短了。

与手机市场一样，温州众多行业的产品寿命周期也是惊人的短。服装产品就和手机一样，每一年有多款新产品面世，原来的产品有可能面临淘汰。由于竞争者的模仿能力强再加上宣传广告的引导，顾客需求变化也随之改变。因此，温州各个行业的产品寿命周期变得越来越短。产品生命周期的大大缩短不仅给企业带来了无穷的压力，更使每款产品的利润变得更加微薄。

由于当今的技术发展迅速，企业所开发的产品生命周期将变得越来越短，更新的速度也越来越快。技术创新已经成为世界的一个最新潮流，这也是转型时代，温州企业所必须面临的难题，而这也将成为温州企业转型的重要课题。

但温州人，永远是追求优秀与卓越的一群人，他们中不少人已经摆脱了“产品价格低、同质化严重、产品寿命周期短”等问题的困扰，而是早早地通过产业升级，走向了品牌经营之路，开创了新的“温州模式”。

管理之困：管理模式落后，职业化不足

在金融危机的洗礼下，温州企业原先看不到的隐性问题逐渐暴露。温州企业大多数是加工型企业，人员多则几万几千人，少则几百几十人。队伍的扩大，必然导致管理的问题产生。由于长期忙于应付订单生产，赚取最大化的利润，很多温州企业无暇顾及企业发展中的各种问题。导致问题不断累积，如果处理不当，最后可能崩盘。近来出现的一批原来号称品牌大企业的倒闭，就是鲜明的例子。

缺乏战略，盲目发展

原美国通用电气公司董事长杰克·韦尔奇："我整天没有做几件事，但有一件做不完的工作，那就是规划未来。"温州企业规模由于大多偏小，因此在战略管理方面非常缺乏。很多企业没有长远的规划，大部分是跟着感觉走。由于温州企业的创业者大部分都是从小做起，习惯于什么事都自己做，因此导致事务性工作太多，无暇顾及企业使命、业务和方向。

事无巨细，事必亲躬，没有规划，随机管理。这是温州中小企业的管理现状。如此发展很容易进入误区，导致企业盲目发展。很多企业主在跟随战略的状态下，看到什么赚大钱，就做什么；做好一样不够，还得多做几样。如此盲目扩张，盲目多元化，终使企业陷入泥潭。

据媒体报道，2010年10月份温州市的居民储蓄余额比9月份减少了80多亿元。周德文称这笔资金，不是用在温州实业，而是继续投向房地产和金融领域。与此同时，靠中小企业起家的温州商人却普遍减少了对实业的投资。乐清市大洋汽车电器电子有限公司总经理卢功洋告诉记者这样做也是没有办法：一个劳动力成本提高，另外一个创新能力薄弱了，那么做这些老的、传统产品没市场了嘛，原来有些资本积累了，就投到房地产呀或者其他领域。

周德文说："有些温州企业家甚至把厂房出租或者出售了，把钱投入到房地产和金融市场；有的企业家就把厂房出租甚至出售了，拿着这些钱进入到股市、房市来进行投资。这种趋势要引起警觉。我一直提醒政府，要警惕产业的空心化。"

炒房是温州人所擅长的，但盲目把实业资金全部投入房地产，必将导致实业的迅速萎缩，产业发展将无从谈起。

家族化管理，职业化不足

家族化还是职业化，这个问题由来已久。其实无论是家族化还是职业化，都没有问题。关键是如何把这两者相结合。全面职业化，对于当前的中国国情来说，尚不是所有的企业都能做到。是否运用家族化管理，要根据企业的现状来进行，但管理的职业化，却是企业发展的必然手段。

温州企业在发展的早期几乎都是由小作坊起家的，多以家庭为单位，以亲情为主导的家族式管理模式。据调查，在浙江的民营企业中有96.6%的公司董事长或总经理是由最大股东担任，两者合一的有64.83%；在一些稍有规模的民营企业中，由亲朋好友担任领导阶层的占了41.3%。

家族式的管理模式在创业早期对于促进温州企业发展的好处是显而易见的。家族成员的目标利益非常一致，成员稳定，而且彼此信任度高，这样企业的内在凝聚力较高，决策灵活而迅速，一方面使企业能够迅速发展壮大，另一方面能够使企业对市场机会做出迅速精准的反应。

家族化管理，虽然在温州人创业阶段功不可没，但由于家族化管理的种种弊端，企业要想获得长足的进步，首先应该把团队变成一个职业化的管理团队。其次，如果确实有家族管理存在的必要，也要把家族管理者变成一个职业化的管理者。这样才能既发挥家族管理的优点，又能使企业成为一个现代化治理结构的良性企业。

管理生硬，没有企业文化

温州企业创始人，大部分由于文化素质偏低，在企业管理中很少关注企业文化部分。平时对员工的管理，也都采用较为直白且生硬的家长式管理。领导对员工一般都直接发号施令，很少考虑员工的感受，被大部分企业员工称为“缺少人文关怀”。

有文章指出，温州老板对员工管理非常严格，但在管理中缺乏人文关怀和柔性管理。首先，在企业发展过程中，老板都要求员工加班加点，努力工作，但对于员工却管得相对较少。没有有效满足员工的相应需求。其次在管理中，很少培养下属，也不愿与下属平等交流，总是端着领导的架势，与员工无法有效沟通。再次，不懂得与员工分享，员工没有安全感和归宿感。

管理生硬，待遇一般。这在过去的年代，也许还能有一批员工为其努力工作，因为他们为了生存，没有太多的选择。但现在的80后、90后年轻员工，是一群有个性、有想法，没有生存压力的年轻人。他们如果在一个企业找不安全感，必然会选择跳槽。

品牌之困：品牌形象老化，影响力下降

关于品牌，温州企业面临两种困局。一是没有品牌的企业，面临转产或创立品牌。由于订单骤减，没有品牌的企业就没有了市场。在没有订单的情况下，只能进入市场，进入市场就需要重新创立自己的品牌。二是有品牌但品牌模糊、老化，品牌的影响力下降。

早在2005年，温州市作了一项调查，有近90%被调查的市民购买了温州服装，他们选择的温州服装品牌有庄吉、报喜鸟、法派、高邦、森马等。这些品牌在国际国内都具有一定的知名度。原来对温州品牌的认同往往只是一种产品质量功能可靠的标志，而不是现在很多人真正追求的有品牌文化、品牌附加值的品牌。随着消费者对品牌文化的进一步追求。很多温州品牌不一定能令消费者完全倾心。众多国际品牌开始加速进入中国市场，品牌的竞争将更加激烈。

温州众多品牌虽然在国内创立多年，但由于这些品牌一边在做外贸加工，一边在做品牌产品，两者混在一起的时候，企业订单充足，在没有发生金融危机前，企业一直活得不错。因此，在企业品牌和产品方面，推广不是很卖力，从而导致品牌一步步成为“老化”的老品牌，令消费者遗忘。值得警惕的是，当一个市场长时间没有变化，或是一个品牌长时间缺乏新的元素，那就意味着品牌开始老化。当一个老品牌老化，影响力下降——新顾客没兴趣，老顾

客不想再次购买时，品牌危机就不可避免了。

如同人有生老病死一样，任何品牌都会老化，没有品牌能摆脱这个宿命，不管你曾经知名度有多高，不管你曾经有多么辉煌，只要对市场拉动力日趋减弱，就意味着品牌走入了老化的宿命怪圈。

品牌变老，不是一件可怕的事。可怕的是品牌老化后，持有该品牌的人还沉浸在以前的辉煌中，自以为品牌很有影响力。

世界饮料巨头可口可乐和百事可乐，这两个品牌都是老品牌，但他们在年轻人心中却永远充满激情。因为，他们一直与年轻消费者保持最为密切的互动。只有互动传播，只有不断地与消费者交流、沟通才能深入人心，才能保持品牌形象不落伍。松下品牌在中国节节败退，就是一个品牌老化的典型例子。

作为全球性的家电巨头，松下的产品线覆盖范围非常广泛，并且在全球市场均有不错的业绩表现。但是从白色家电的冰箱、洗衣机、空调，到黑色家电的平板电视，松下却没有哪一个产品线能够进入国内市场占有率的第一集团。即便数码相机、手机、笔记本电脑等日系家用电子产品军团擅长的业务，松下也未能名列前茅。其中，作为松下“V”字形崛起的主力业务“等离子电视”在国内市场的表现更是与其全球第一大等离子彩电企业，全球等离子市场占有超过三分之一的地位不相符合。

在国内家电市场，松下固然称得上名牌，但是这个名牌的含义已经不再那么清晰和耀眼。松下电器进入国内市场的历史并不短。20世纪八九十年代，在国内家电市场以松下、索尼等为首的日系品牌产品曾经红极一时。其中以电视机产品和录放机产品最受欢迎。松下和索尼的微型卡带录放机曾经是那个时代“富家子弟”最值得炫耀的产品。松下这种品牌优势一直保持到21世纪初。直到2001年松下的29英寸CRT彩电的售价还在一万元左右，而当时国内品牌同类产品的售价已经下降四五千元的水平。

2006年，松下手机传出即将停产GSM手机产品的新闻，业界传出松下将完全放弃手机业务的猜测。2006年中，松下厨卫电器传出退市的消息。2007年3月底，日本松下电器在全球范围内终止了燃气台灶、嵌入灶、燃气热水器等3种燃气具的生产和销售。2007年初，媒介传出，松下空调2006年可能巨亏，面临退市的消息。2007年到2008财年统计数据显示，松下平板电视在国内市场占有率仅为3%左右，远不及海信、TCL、索尼、三星等同行，未能进入平板品牌十强。

审视品牌，找到新卖点，保持新形象。这是温州众多品牌需要做的基本功。当前有许多温州品牌，与大众交流太少。因为他们认为只要把品质做好就可以，从而忽视了与消费者的沟通，忽视了品牌传播。这就是温州品牌推广力度不够的原因所在。

观念之困：企业家精神的缺失

2011年，注定是温州民企难以释怀的一年。这一年，温州频繁再现惊人一幕：温州民企业老板逃跑！并且逃跑的老板中还有不少是曾经风光无限的行业老大。有关逃跑缘由，众说纷纭，但归根结底就是资金链断裂。然而，这一事件的影响，不仅仅是个别企业的倒闭，而是令温州多年来建立起来的声誉毁于一旦。

经过媒体报道的温州民企老板“跑路”名单，不断在加长。而众多的温州个体户“跑路”现象，并没有计入，但他们人数和涉及金额并不是一个小的数字。据政府有关负责人透露，仅9月22日一天，温州就有9个民企老板跑路。

短短几个月之内，数十名温州企业老板跑路，近百亿元资金漏洞，谁来埋单？这种几近疯狂的逃跑故事背后，是一种怎样的冒险行为。而这种冒险行为，搭上的不仅是少数企业、老板、员工的前途，更多的是“赔掉”了整个温州民营企业的信誉，影响了温州经济的前途。

虽然，我们可以认定当前的温州民营经济仍然向好，几十个老板和几十家企业的垮台不足以造成巨大的崩盘。但这种“冒险行为”的背后，就是隐藏在民营企业家内心的深层价值观念。以信泰集团为例，陷入财务危机并不是因为信泰主业经营不好，而是由于产业的过度扩张。

信泰集团成立于1993年，员工3000多人。公司是瓯海经济技术开发区眼镜行业的龙头老大，目标是中国民营企业100强。旗下的“海豚”品牌是中国眼镜业唯一的驰名商标。信泰集团涉足的，除了眼镜业，还有太阳能光伏、房地产等行业。

信泰集团2008年成立了新能源事业部，先后投资组建了浙江中硅新能源股份有限公司、浙江赛力科技股份有限公司、温州中硅科技有限公司、温州中硅进出口有限公司等多家光伏企业。温州中硅科技，是胡福林与当地皮革企业瑞新集团合资设立的太阳能电池片生产企业，总投资额高达12.5亿元。由于投资规模过大、面过广，再加上为谋求光伏业务上市，贷款额度巨大。为了偿还银行到期贷款，胡福林被迫转向民间借贷，结果因为银根紧缩，本来以为能贷到的款再也贷不出来，导致资金链断裂。造成集团企业瞬间陷入困境。

温州众多企业的倒闭潮，再一次验证了中国民营企业 “寿命短”、“长不大”的显著特点。现在倒掉的这些民营企业与沈阳飞龙集团、山东三株集团、珠海巨人集团、郑州亚细亚集团、北京南德集团、广东中山爱多集团、山东秦池酒厂、广东太阳神集团……有着强烈的共同点——曾经无比辉煌却又是瞬间垮掉的。

为何稳定发展多年的温州民企会重蹈十几年前像珠海巨人集团、广东中山爱多集团一样的老路呢？寻根问底，还是民营企业家的观念和行为落后使然。

经过多年发展，温州民营企业早已发展壮大，厂房、设备、技术和营销模式都很先进，但很多温州老板内在的精神世界、思想观念并没有随之改变，传统的、家族式的、个人化的价值观念仍然没有太多的变化。尤其是在温州经济一直处于快速发展的状态下，缺乏面对经济困局的经验，也没有树立起良好的战略意识、变革意识和危机意识。

虽然，当前很多温州民营企业家，经常会参加学习很多类似于EMBA的高级管理课程，但有形的东西最容易形成和改变，最难改变和形成的是无形的东西。改变温州民营企业家的，不是他的出生背景、个人阅历、财富数量，而是具有一种良好的企业家价值观念和行为习惯。现在的温州民营企业家大部分都有着很多时髦的思想和超前的观念，但最缺乏的恰恰就是这个最基本的企业价值观念。与国内其他地方的民营企业不同，温州的大部分优秀民营企业，都已走出国门，成为全球产业链上的参与者。这就更是要求，温州企业家不但要有中华民族传统的优良道德品质，更要有全球的视野和国际化的企业家精神。

企业家精神有很多的方面，如敬业精神、诚信精神、合作精神、冒险精神、创新精神、执著精神，温州企业家在过去的创业过程中表现出了非常优秀的企业家精神状态，尤其是在敬业和冒险方面。但在面对多变的经济形势下，很多温州企业主的过度冒险往往也造成了更多的不良后果。今年，众多温州企业家的“出逃”事件，就验证了这一点。

除了敬业、诚信和创新，执著与坚守同样是企业精神的重要内核。翻开世界经济中的企业家史，凡是有所作为的企业家，都是在历经无数失败与重重考验下成就的。如果面临困境就放弃，那是无法成为一个真正的企业家的。而与企业家一样，真正的百年企业品牌，也是在几番沉浮之下，历练出来的。

艾柯卡是上世纪美国家喻户晓的企业家。他在福特公司创造了当时汽车行业的销售纪录，从而成为当时汽车界的名人。但就在他处于风光无限的时候，被亨利·福特二世解雇，并陷入人生的困境。

艾柯卡最令人称道的是，他在离开福特公司后选择了担任濒临倒闭的克莱斯勒汽车公司总裁，并带领这家公司创造了新的奇迹。

就在艾柯卡上任当天，公司宣布连续3个季度的亏损达1.6亿美元。在这种状况下，艾柯卡没有选择放弃，而是主动将自己的年薪从36万美元降为1美元，并号召全体员工共同奋斗。经过不懈努力，1983年8月15日，艾柯卡把面额高达8亿1348万多美元的支票，交给银行代表手里。至此，克莱斯勒还清了所有债务。艾柯卡在担任克莱斯勒汽车公司总裁期间，创下了24亿美元的盈利纪录，比克莱斯勒此前60年利润总和还要多。艾柯卡领导这家公司在亏损严重、管理混乱、困境重重的状况下，再度崛起，成为美国当时最有实力的汽车公司之一。他的那种敢于面对困境、转败为胜的企业家精神获得了美国大众的高度赞扬。因此他也成为了美国民众心目中的商业英雄。

在发生经济危机时，投资者和员工都可以离开企业，然而真正的企业家是不会放弃的。而很多的世界知名品牌，就是在这样的企业家手中缔造的。

20世纪90年代初，芬兰出现了严重的经济危机，诺基亚也未能幸免，遭到了重创，公司股票市值缩水了50%，诺基亚因产业领域过宽而濒于破产。然而，当时的诺基亚CEO决定将其他产业全部舍弃（包括卖掉一个年利润800万美元的制药厂），只专注在手机产业。

坚韧执着的诺基亚，5年后就东山再起。如今的诺基亚已经是世界500强企业中的知名品牌。自1996年以来，诺基亚一直占据全球市场份额第一的地位。直至2011年，诺基亚连续15年的全球手机销量第一的地位才被苹果和三星超越。

与诺基亚同为手机品牌巨头的苹果公司，是当今全球市值最高的公司，也是全球第一大IT公司。然而苹果公司有今天，离不开它的创始人乔布斯的极度努力与付出。如今，乔布斯虽然英年早逝，但他的企业家精神，却值得世人永久怀念。

1976年4月1日，21岁的乔布斯与26岁的斯蒂夫·沃兹和龙·韦恩三人在车房里成立了苹果公司。虽然开业时销售惨淡，但在经过几年的努力之后，苹果公司获得了迅速的发展。1980年，苹果公司股票公开上市。24岁的乔布斯，因此成为了亿万富翁。

然而，过早的成功，往往容易忽视了危机的存在。苹果公司随后开发的电脑产品没有迎合消费者的需求，再加上IBM的竞争，苹果公司迅速惨败。1985年，与董事会意见不合的乔布斯被苹果解雇。之后乔布斯创办NeXT公司，并收购卢卡斯的动画工作室成立皮克斯(Pixar)。在动画领域重创辉煌。

离开乔布斯的苹果公司，在1996和1997两个财年亏损了18亿美元，陷入绝境。乔布斯于苹果危难之际重新担任首席执行官，对公司进行了全面的变革，并与苹果公司的宿敌微软公司达成了战略合作，缔结了举世瞩目的“世纪之盟”。1998年苹果公司推出了iMac，成为当年最畅销的个人电脑，公司扭亏为盈，奇迹般地盈利3.09亿美元。

从此，乔布斯带领苹果公司开始了新的传奇之旅。在近十年间，苹果公司先后推出了iPod音乐播放器（2001年）、iTunes音乐商店（2003年）、iPhone智能手机（2007年）和iPad平板电脑（2010年）等具有划时代意义的创新电子产品。2010年的iPhone4智能手机，更是横扫全球，成就了苹果公司的霸主地位。2011年2月，苹果公司打败诺基亚，成为了全球第一大手机生产商。2011年8月10日苹果公司市值超过埃克森美孚，成为全球市值最高的上市公司。

上述这些企业家和企业品牌，无一不是经过重重考验，而获得成功的。温州企业当前面临的问题，在企业成长史中并不是什么新问题，而是经常要遇到的老问题。只不过，需要更多具有优秀企业家精神的温州企业家去经营和改变温州企业的现状。

不过令人乐观的是，目前那些曾经“跑路”的企业家，已经有一部分人陆续回到了温州，他们将重新带领自己的企业，突破困境，走上复苏之旅。也许，经历考验的温州企业家，将收获更多，成长更多。他们还会继承温州创业精神，创造新的奇迹。

游资之困：游走在危险边缘的“炒客”

近年来，温州人给人印象最深的就是一个“炒”字，从炒房产、炒煤炭、炒商铺、炒棉花，到炒石油、炒油田、炒车、炒电、炒汇，无所不“炒”。中国民间流传这样一句话：“要想知道什么是最热门、最赚钱的行业，就看温州人在干什么”。温州人敢炒，善炒，曾经是善于捕捉商机的代名词，甚至对民间资本投资具有风向标的作用。但随着市场的逐步规范和政府的管制，人们对温州“炒客”越来越警觉。

温州人似乎总是能敏锐地察觉到新的投资热点，在短时间里聚集起资金，快速投入看好的项目，并使资金的价值得到最大限度的应用，然后就是快速地撤离，留下的是惊魂未定的市场。近年来，从地产到煤矿，从棉花到油井、到电力，几乎每到一个行业或地域，都会产生强烈的冲击波。

炒房团：许多人对温州人形成善“炒”的印象就是从“温州炒房团”开始的，对温州游资的恐慌，也是从“温州炒房团”开始的。“温州炒房团”的概念，最早是开发商进行自我包装炒作，叫出来的。由于房产开发商的过度渲染，温州炒房被传得神乎其神。而消费者相信温州人的投资眼光，消费者便闻风而至。结果，大众被套进了。

温州人的炒房首先是从温州开始的。由于大部分温州人都有自己的产业，所以购置房产成为他们扩张的必需品。然而就在这购买生产扩张的住房、厂房不断快速升值后，温州人从买房、卖房之间尝到了甜头，因而出现更多专业炒家。从1998年到2001年，民间资本的进入，促使温州房地产价格以每年20%的速度递增，市区房价快速从2000元/平方米左右，飙升到超过7000元/平方米。价格的快速上涨，再加上温州本地人购买力度加大，温州本地根本没地可买了。没办法，1999年，温州的民间资本开始瞄准了上海和杭州。从此开始，温州炒房团所到之处，当地房价一路飙升。

炒煤团：由于中国消耗能源的快速增长，因此煤的需求必将迅速递增，煤此时被人称为“乌金”。由于意识到中国能源资源的紧俏，温州人毅然就炒起煤来。于是温州人开始投资购买了山西境内60%的中小煤矿。说是投资兴建的，其实大部分时间都是由温州承包经营的。

然而，好景不长。温州炒煤团的亏损源自于2004年底，山西的地方政策的大转变。由于山西煤炭行业进行重大转移，山西政府决定全部关停9万吨以下小煤矿。而温州炒煤团所控制的煤矿大多集中在6万吨之内。2006年底，安全大整治、资源整合和资源税改革足以令投资9万吨以下小煤矿的温州商人举步维艰。

炒棉团：2002年秋，温州民间资金大规模涌入有“白金”之称的新疆棉花收购加工领域，甚至连一些不产棉的地方都出现了数量众多的轧花厂。据一些业内人士估算，在新疆收购棉花的温州民间资金最多时超过了100亿元人民币。棉花市场2003年收购放开，大量温州游资进入新疆。新疆棉花收购开秤之后，价格一路飙升，创历史最高。

炒油团：就在温州“炒煤团”北上进晋，掀起千层浪时，新疆石油业又惊呼“温州炒油团来了”。当时传闻，一名温商在石油城克拉玛依购买了15口油井，每口至少需要投资150万元。据温商内部传出的消息：新疆有120口油井姓“温”，投资总额在18亿元以上，如果加上后续加工的炼油设备等投资，温商在新疆石油领域的投资总额将超过50亿元。

炒电团：继炒煤之后，温州人又发现一个全新的领域，就是想要买水电站。要想买水电站，就必然到素有“千河之省”之称的四川，全省水能资源技术可开发量1.03亿千瓦，占全国的四分之一以上，无疑四川成为炒电团的首选，嗅觉灵敏的温州资本对此赚钱之道自然不放过。作为民营资本，温州炒家既然无力与5大发电集团竞争，便瞄准了门槛相对较低、回报相对较快的中小水电项目。专家分析，小水电站的工期短、建成发电较快，投产后的发电成本也较低。一个千瓦装机容量的小水电站，需要500万元左右的投资。但是炒电团的结局和炒煤团差不多，都没有赚到钱。虽然炒电团不像炒煤团一样，被迫关停。主要是电的购买对象是国家电网，其采购价的不稳定，导致发电主体的收入不稳定。由于成本的上升，炒电团居然也时时陷入赔本的境地。

炒股团：房产、煤炭、石油都敢炒，股票自不在话下，特别是别具特色的温州老板娘“炒股团”。在日进斗金的温州老板看来，太太投资股市跟普通老百姓吃饭没什么大的区别，是生活中必不可少的一部分。用温州太太们的话说：炒股的感觉就是每天一辆‘轿车’开进、开出。2007年，世人称之为“千载难逢”的大牛市中，温州民营资本也是不甘寂寞。在沪深股市行情的刺激下，曾经号称从不炒股的温州人在寻求自我突破，温州各证券营业部新开户的股民数正在飞速增加，形成声势浩大的“温州炒股团”。

炒黄金：近年来，通货膨胀的预期越来越强，物价已明显上涨，黄金投资保值的功能凸显。在近年金价一路上涨的趋势下，投资黄金的温州人也越来越多。在上海黄金交易所有一个温州人的单笔长期活动账户，个人掌控数亿元资金频频交易，已经引起众多黄金投资公司的高度关注。黄金价格还将继续走高，但黄金股票估值高企是这位神秘的温州人转战黄金现货的重要原因。实物黄金像房产一样成为温州人最钟情的投资品之一。据介绍，温州已形成数支规模亿元左右的黄金投资团队。

炒科技：加盟高科技是除了近年火爆的股市之外，创业投资一个很好的出路。认识到了互联网的可投资性，温州人早已开始私募资金，秘密打造巨无霸创新型网站，抢滩中国互联网。浙江网盛科技股份有限公司2006年在深圳上市，被业内称为全国“网络第一股”。林阿信是另一个决定“炒网”的温州商人。林阿信曾是温州名声颇响的“炒房大王”，前几年，他投资3000万元，成立网络创投公司，办公室就在上海徐家汇。

炒商圈：温州人在全世界建立的温州商城是出了名的。因此，温州人想到了用此招，去经营和炒作商业地产。一般情况下，都是由温州市服装商会成立“商贸委员会”，利用本土以及在外温州人的商贸优势，建立流通渠道，在“炒”热某个商场或商业街的同时，带动本土品牌的发展。炒商圈的常用手法，一般都是选中一个目前虽然不成熟，但位置较好的商业街或商场，再让一大批国内外服装品牌进入该商圈，然后通过各种营销手段，将此商业区炒热。成功之后，便在其他地方复制这种方式，在全国建立温州人的服装商业网通路。

温州人走到哪里，就“炒”到哪里。以前温州人的“炒”来

“炒”去，受到广大民众的称赞，认为温州人头脑聪明，又有眼光。后来，温州人由于无所不“炒”，严重影响了民生经济，使得国家和民众都对其“炒”作行为，有所厌烦。其中不少项目还遭到国家禁止。所以现在的温州人也开始越来越避讳“炒”这个词语了。

其实，温州人也不像外界宣传的那么神奇。在众多的“炒”作项目中，除了“房地产”赚钱较多外，其他的“炒煤团”、“炒电团”都被迫连续败走麦城。尤其是温商“挥泪离晋”的现实，让人们看到了温州资本脆弱的一面。由于温州炒团大部分都是以个人身份进行的，无法得到更多良好的保障，而炒作中的风险恰恰是非常大的。温州人在“炒”作大浪退却后，开始不得不考虑温州资本的出口，并为温州资本找到一个可行的出路。

第四部分

出路——温州人该往何处去

◎从2008年的金融危机到现在的经济困局，温州企业家有的选择自我更新、有的选择自动放弃。而这就是一次深度调整的机会。温州企业家要想走出眼前的这场经济风暴，需要改变原有做生意的心态，要有把生意做成事业的现代企业家心态。除了这种心态外，还要回到原来一无所有的创业状态，用最初那种不怕艰难险阻的创业精神去面对这一场新的挑战。

◎机遇和挑战总是相伴而生的。当前，温州经济正处于深度调整期和转型期，温州企业面临前所未有的困境和挑战，但同时也给创新型企业和品牌企业创造了难得的机遇。

◎温州企业在金融危机之后面对传统海外市场的萎缩，通过从欧美热点市场到冷门市场，温州企业正在打开新兴的国际市场，真正建立温州企业的全球化路径。

◎未来的市场，将是以服务为基础的市场，未来的时代将是服务的时代。温州人要想把产业做大做强，就必须把握服务时代的脉搏！

◎网络将对商业产生变革性的影响。不管是商家，还是消费者都彻底被网络所改变。互联网的普及彻底改变了现在的营销格局。未来网络营销将在营销平台占有非常重要的分量。

◎温州当前的经济状况显示，温州企业最大的问题就是：缺钱！而资本运作，就是解决资金问题最有效的方式之一。

第十一章　温州人的出路一：产业整合

◎对于温州的中小企业来说，走出冬天，必须采取最有效的过冬措施。加强内部管理，提高效率，降低生产成本；压缩产能，提高产品质量，进入高端市场；进行创新，提升产品的核心竞争力；或者与其他企业实现强强联合，凭借规模立足；这种种方法，都是面对当前危机的基本策略。

◎在转型升级的过程中，温州企业之所以出现大批的倒闭，不是因为他们的主业大幅度亏损造成的，而是因为盲目“多元化”的结果。“多元化”是一把双刃剑，用得好会使企业经营上一个台阶，用不好则会伤及主业。而在企业自身实力不强时，最好不要用这把双刃剑，否则会伤及整体。因此，走好“专业化”道路，做好主业，应该是现在众多温州企业更应该做的事。

◎商业模式是企业竞争的最高形态，把握成功的商业模式才是企业竞争的制胜法宝。新的时代呼唤新的商业模式，创新商业模式的关键在于企业经营者如何寻找企业的核心价值。

瘦身过冬，提升核心竞争力

2011年，“温州大批中小企业倒闭”的传言在全国掀起一片波澜。温州知名企业崩盘的确切消息不断地在上演，而且愈演愈烈。众多温州企业家都一致认为：“现在企业的困难远远大于2008年金融危机的时候。”面对此种情形，很多温州企业不得不重新审视过去的扩张策略，采取“瘦身运动”，提高核心竞争力等有效措施，度过这场前所未有的困境。

利润大幅度缩水，降到历史最低位。企业生存环境全面恶化。下面是一位温州老板接受采访时向媒体记者核算的成本账，令人感同身受。现在温州企业的困境确实非比寻常。

刘秋同（化名）在温州龙湾区也是小有名气的皮革生意老板，他做皮革生意已有十年以上。2011年5月初月度盘点时，他发现2000多万元的产值最终毛利计算下来仅有20多万元。这简直令他自己都难以相信。

刘秋同列出其2008年与2011年的成本简要清单：

原材料：2008年约1500万元/月，2011年约1700万元/月；

助剂：2008年约200万元/月；2011年约250万元/月；

电费：2008年约50万元/月；2011年约65万元/月；

煤费：2008年约75万元/月；2011年约90万元/月；

人力成本：上涨了25%~30%；

价格：皮革市场供大于求，定价没有上升。

“现在干2年的利润不如2008年，2009年的1年。”刘秋同说。

一切都在涨，就是产品价格没怎么涨。1%的毛利，连利息的款都不够付，如果这家厂靠银行贷款或者是靠民间借贷，肯定要倒闭。

人民币对外升值、出口退税政策调整、能源和原材料涨价、宏观调控银根收紧、股市大跌、新劳动法实施、WTO规则的全面实施与国外巨型企业的“斩首行动”等等，一座座大山向以制造业为脊梁的温州企业家们压来。“入不敷出”的情景频现，大量企业资金紧张到极限。

温州企业家将如何挺过这场比2008年金融危机更大的危机。

对于温州的中小企业来说，走出冬天，必须采取最有效的过冬措施。加强内部管理，提高效率，降低生产成本；压缩产能，提高产品质量，进入高端市场；进行创新，提升产品的核心竞争力；或者与其他企业实现强强联合，凭借规模立足，这种种方法，都是面对当前危机的基本策略。

温州企业家虽然对当前的困境表示十分担忧，但他们历经商海沉浮，具有敢于面对一切困难，排除艰难险阻的坚毅品质，并将能够想尽办法，解决问题，推动企业持续往前发展。

2011年，奥康集团聘请成本控制专家建立成本处，8个月时间取得节约成本400万元，效率提高了5%的成绩。

人本集团制订全面的开源节流计划，涉及生产工艺、工作效率、能耗、设备改造，库存等多个方面，上半年收获效益1700万元。

面对当前的严峻形势，温州的企业正致力于在创新中求生存和发展。

森马集团是一家服装企业，在经济形势趋冷，市场竞争加剧的情况下，不断创新企业的商务模式，把原来的配货制改为定货制，大手笔增聘设计师，增设实验室，积极开发新产品。从而激发了企业销售终端的积极性，降低了企业的生产经营风险，也提升了品牌价值。1~9月，该集团旗下两大品牌实现终端销售38亿多元，同比增长52%。

温州大隆机器有限公司，致力技术创新，开发出拥有独立知识产权的高科技鞋机，通过了欧盟、美国等严格的体系认证，五成以上产品出口到意大利、西班牙、法国等鞋机大国。

面对经济“暴风雪”，温州企业正如以往一样，对市场做出快速反应，在改善产品质量、做好产品上加大投入力度。他们不仅大力开发国内市场，还积极开拓新的国际市场。

据温州海关统计，2011年前三季度，温州市对俄罗斯、东盟等地区的出口增幅分别为34.64%和39.63%，大大高于出口欧美地区的增幅。

在困难面前，大部分温州企业家正在以自强不息、排除万难的精神，采取种种有效措施，使企业走出困境，度过寒冬，寻求更好的发展机会。

淘汰或升级，中小企业需自我突围

2011年全球经济困局，让温州中小企业倍感压力。生存或死亡，这道选择题就摆在温州中小企业面前。现在不仅仅是谈论如何“过冬”的时候，而且是面临淘汰和洗牌的时候。就像前面所说的快鱼吃慢鱼法则一样，变得慢，就必然会被淘汰。在这场温州企业淘汰潮中，众多的中小企业急需寻找自我突围之策。

改变心态，寻求突破

温州企业面临的困局是前所未有的，然而这就是经济发展的规律，无论是在中国还是在世界的其他地方，所有企业都将而且必然历经这种经济局面。产业发展的潮起潮落，是再自然不过的事情。也许是温州企业家一直在中国经济成长的黄金时期成长起来的，他们一直享受经济阳光的沐浴，没有经历更多的风雨。所以现在的这场经济困局，只不过是对他们的一场真正的考验。

从2008年的金融危机到现在的经济困局，温州企业家有的选择自我更新、有的选择自动放弃。而这就是一次深度调整的机会。温州企业家要想走出眼前的这场经济风暴，需要改变原有做生意的心态，要有把生意做成事业的现代企业家心态。除了这种心态外，还要回到原来一无所有的创业状态，用最初那种不怕艰难险阻的创业精神去面对这一场新的挑战。

转变思路，寻求新兴市场

金融危机以来，外贸订单急剧减少，原来的市场让许多中小企业无法生存。开辟新的市场，无疑成为许多中小企业必然的选择。从外贸转内销，从欧美市场转向拉美、中非等新兴市场，这是很多温州企业正在寻找的突破点。

产业升级，打造自主品牌

温州企业的加工能力无疑是非常强大的。以服装为例，目前国际著名的服装品牌几乎都在中国生产，温州服装企业报喜鸟、法派、庄吉，都在为国际一流品牌做贴牌加工，这足以说明温州服装企业在工艺、设计开发水平上已拥有世界级制造能力，这将为温州自主品牌的崛起打下坚实的基础。但是因为原来都是以加工为主，从来没有想到过要做自主品牌。然而，在残酷的市场面前，没有品牌就没有下一次的生存机会。这使得很多温州企业被迫走向品牌经营之路。

产业联合，抱团过冬

对于温州的中小企业而言，面对目前的这场经济困局，如果还是单打独斗，有可能难以应对。进行产业联合，以大带小，抱团过冬，将是很多温州中小企业不得不做的选择。事实上，很多温州企业，在金融危机中就进行过产业联合，不仅躲过那场金融危机，而且得以成长壮大。

资本运作，撬动未来

资本运作，对于温州的品牌企业来说，是他们面对严冬的一次最好的选择。温州的华峰氨纶、瑞立集团、华仪电气、报喜鸟等4

家民营企业较早上市，赢得了市场的先发机会。而美特斯邦威和森马的上市，不仅使企业家财富迅速扩张，而且为这两家企业在服装产业的更大发展带来了更多的利好机会。接下来，如正泰、人民电器、德力西、奥康、红蜻蜓这些温州品牌企业，将在资本市场迎来他们的又一次辉煌蜕变。

穷则变，变则通。这是温州人创业时的一种精神，也是时下他们面对经济困局的应有精神。温州人从来就不怕挑战，这一次淘汰升级，也许是他们走向更高层次的一个起点。

“专业化”，还是“多元化”

在转型升级的过程中，温州企业之所以出现大批的倒闭，不是因为他们的主业大幅度亏损造成的，而是因为盲目“多元化”的结果。在盲目“多元化”的过程中，由于新业务投入过大，主业输血不够，因此铤而走险去借高利贷，再加上银根紧缩，结果导致资金链断裂。在温州倒闭的企业中，这是一种普遍现象。

盲目“多元化”的后果

其实“多元化”还是“专业化”的争论在中国企业界，早已不是什么新问题。但盲目“多元化”却一直是困扰中国企业发展的一个重要问题。多元化经营不仅分散了企业的核心专业资源，而且在金融危机和银根紧缩的情形下，更容易造成资金断裂、主业崩盘的现象。因此，在此情形下，企业的发展必须集中优势，走专业化道路。

在过去30多年的中国企业发展历程中，几乎所有优秀企业都进行过多元化努力，但多元化失败的案例比比皆是。很多企业在积累一定基础后，都想把企业做成多元化多产业的超大集团，并开始考虑如何多元化。

五粮液决心造车、造芯片，茅台曾想做啤酒；新飞也想做专用汽车；厦华曾大步迈进了手机、计算机、显示器、电子商务等几大产业领域，最后出现亏损；澳柯玛曾在1年多的时间内快速进入近10个家电行业，涉及冰箱、空调、洗碗机、微波炉等几乎全部白色家电，结果也并不理想。史玉柱创业初期的珠海巨人集团，也因多元化，曾陷入倒闭之中。倒在多元化大旗下的史玉柱在重新站起后，曾深有感触地说："现在民企几乎无一避免走多元化之路，一做大就多元化，但往往三五年就完蛋，我就这样完蛋过一次。"

上述这样的案例，在中国企业中，屡见不鲜。过去大多数的中国企业的多元化之路，都是以失败收场，而众多优秀企业的败落，则大都与多元化扩张战略有关。暂不论多元化有多大危害，而是很多企业在搞多元化之后，自身的管理能力无法跟上，不仅赔掉主业的利润，最后把主业也拖垮了。

最近几年，由于金融危机，实业很难做。于是很多温州老板把资金投到了"炒煤、炒棉花、炒房、炒股"等短期炒作中去。虽然凭着温州老板的精明，不少人能够赚到钱，但很多人把主业丢了，甚至有的人不仅没赚到钱，还把主业的利润亏光了。然而温州冠盛集团的老板周家儒，就是一个坚持走专业化的人。对大好的赚钱机会，他从未为之心动，守着汽配园中的一亩三分地，专注于汽摩配的经营。

在金融危机之后，很多要好的朋友来劝说周家儒投资。周家儒讲了一个故事，田径冠军参加百米赛跑，跑道旁边有100万美金，捡还是不捡，捡了冠军就是别人的，不捡或许能跑个冠军。这取决你心中的愿景，你想获得什么，就会有什么的抉择。时间是检验抉择的最好法宝，几年下来，有些朋友在煤矿中赚了钱，有些朋友在股市中亏了钱，而冠盛的产品在同类产品中出口位居全国第一。

在温州企业中，正泰集团应该是在专业化上走得最好的一个优秀案例。曾经的正泰，也在专业化与多元化之间，很难作出选择，但南存辉最后还是以其卓越的战略意识，选择了走专业化道路，把正泰集团带上了光辉大道。用南存辉的话说："二十年如一日，我们做精、做专、做好、做强，在众多的诱惑面前，耐得住寂寞，经得住诱惑，这是我们一个根本的原因。"正泰集团之所以有今天的成就，原因就是在20多年的发展过程中，他们坚持走专业化道路，不断地做精、做专、做强主业，使其在产业内始终处于领先地位。

慎重选择"多元化"

在"专业化"还是"多元化"的选择面前，并不是一成不变的。在国际企业案例中，多元化的成功案例并不少。印度塔塔集团在钢铁、钟表、化学品以及茶等多个不相干的行业，都取得了成功。法国圣戈班集团依靠玻璃和镜子发家，现在已涉猎工业陶瓷制造、玻璃容器、建筑材料和管道铺设行业。华人首富李嘉诚就是一个多元化经营的高手，他的集团中有众多产业。但李嘉诚在进入房地产获得大笔财富后，并不是盲目地多元化，他在每涉及一个新兴产业，都会非常慎重。并且总会给自己原有的产业保留充足的资金，为自己主要产业的发展留有足够的余地。这样即使新兴产业停滞不前，也不会影响原有的主营业务。而由于两头兼顾，最后总是频频获利，因此，他的财富帝国就像滚雪球一样不断扩大。

如今，金融危机来了，很多企业的原有业务越做越艰难，使众多温州企业家想到要往多元化发展。现在的温州企业如奥康、康奈、德力西、人民电器等集团公司，都涉及了产业的多元化，但他们主业经营强劲，使得企业集团呈现健康发展的势头。不过应该提醒的是，无论这些集团有多大，他们现在都还没有大到可以和众多国际巨头抗衡的程度，所以在发展多元的过程中，仍然要谨慎小心，只有在主业做大做强的基础上，再去做大“多元化”的其他产业。

在世界经济格局不稳定的今天，如果走在“多元化”的路上，温州企业还是要多一分慎重。中国的企业一般经营的历史较短，无论是资金实力还是管理能力，都不能与跨国巨头相比。因此在开展“多元化”业务时，应尽量在其主业务延伸和相关延伸方向，立足于本企业的现有资源和优势，无须再次大量投资，用活用足与主业经营相关的资源。

总之，“多元化”是一把双刃剑，用得好会使企业经营上一个台阶，用不好则会伤及主业。而在企业自身实力不强时，最好不要用这把双刃剑，否则会伤及整体。因此，走好“专业化”道路，做好主业，应该是现在众多温州企业更应该做的事。

勇敢破局，继续做第一

温州人和温州企业，曾经以敢为天下先而闻名国内外。在温州曾经诞生了众多的全国第一。

如第一份个体户工商执照，第一家股份合作制企业，第一个实行金融浮动利率改革，第一座农民城，第一个私人包机公司，第一个跨国农业公司，第一个民间异地商会，第一个境外中华商城，第一个金融改革综合试验区……

温州人过去就是靠着这股敢为天下先的精神使得温州成为了全国经济最为发达的城市之一，并且温州人靠得这股敢为天下先，打开了世界市场的无数大门，获得了发展的先发优势。但如今，不但由于中国各地的企业竞争对手已经成长起来了，世界市场的竞争又充满了变数，这使得温州人又不得不回到一个新的发展起点。在这场充满变数的竞争中，温州人如何勇敢破局？如何继续做第一？这一问题，有待更多的温州企业家去回答。

“产业结构的调整”和“创新能力的提高”是决定未来中国发展的另外两大驱动力。对于温州而言，也是同样。温州要想获得新的发展先机，就必须转变经济发展方式，调整经济产业结构，从资源劳动密集型向创新节约环保型转型，这是温州新时期经济发展的必由之路。

1.调整产业结构

其实，温州人知道，金融危机只是压垮“骆驼”的最后一根“稻草”，早在金融危机之前，温州脆弱的产业结构已经埋下了诸多的隐患。近年来，弥漫东南沿海的“民工荒”更是让劳动密集型产业苦不堪言，更加暴露了温州产业结构不合理、经济增长方式落后的问题。

温州中小企业发展促进会会长周德文说，温州产业以劳动密集型的轻工产业为主，对劳动力的依赖性很大，连续几年的用工紧缺已经让温州中小企业感到了劳动密集型产业的发展压力。

面对重重困境，只能提前进行产业结构调整，降低劳动密集型产业的比重；同时转变经济增长方式，用科技含量和品牌提高产品附加值。面对日渐严酷的竞争，温州企业被迫进行转型，实现“二次革命”。

作为温州老牌的制鞋企业，康奈集团是用工大户，企业有员工3000余人。该公司十分注重打造留人环境，从生活条件、发展平台、精神文化、人文关怀等多方面，为员工营造良好的工作、生活氛围。目前公司员工的稳定率在95%以上。同时，从长远考虑，康奈集团正在加紧转型升级的脚步，向高端制造和高端品牌发展。近年来，公司不断引进国外先进的生产流水线，提高了产品的质量和环保、节能水平，同时为世界顶尖品牌贴牌生产。

市场的淘汰机制和竞争机制总是残酷的，每一次淘汰都意味着落后的发展模式逐渐被抛弃。经济界普遍认为，在目前的形势下，一些低附加值、缺乏核心技术的企业先出局，而有技术、有自主品牌的企业继续发展，符合当前中国产业结构调整的方向。

2.加强研发提高创新能力

温州模式在推动中国民营经济发展方面是有积极意义的。但是，任何一种模式都有它产生的时代背景和局限性，因此，温州模式不能停留在原来的水平上，而应有所创新，有所突破，才有新的生命力。

产品研发的力度不够，科技含量不高，创新不足成了温州产品的短板，这不仅让温州企业在金融危机中脆弱不堪，也让温州企业在未来发展和竞争中后劲不足。我们都知道，世界顶尖品牌之所以能够保持长盛不衰、基业长青，就是因为他们拥有强大的研发能力。然而，温州企业由于长期从事加工业务，少有进行技术创新，所以未来竞争力的不足最为明显不过。

不过，今天的众多温州品牌企业在技术创新和研发能力方面有了长足的进步。温州的法派服饰和奥康集团，都先后引进了多条国际生产线，并且聘请了多名国际知名设计师，他们还都拥有了全球设计中心和研发中心，并引来了全球众多百年企业的关注与合作。这表明，不少温州企业已经走上了技术创新的道路，并正在带领更多的温州企业进入创新之旅。

GEOX与“奥康”经过5年的长期合作后，已将休闲鞋系列的研发中心，从意大利搬到了“奥康”瓯北生产基地，“奥康”10多位设计师加入意大利GEOX研发组。今后，GEOX在世界各地销售的休闲系列皮鞋，从款式设计到制作，都将打上温州烙印。世界顶级女鞋品牌——德国沃特曼的创始人沃特曼先生，不顾70岁高龄，也来到温州奥康集团，洽谈双方进一步合作事宜。“奥康”赢得这些国际大牌青睐的，是其敏锐的时尚触觉、强大的研发和生产能力。

奥康集团董事长王振滔谈道：“所谓科技奥康，就是将科学技术融入公司的研发、生产、营销领域，坚持研发自主化、生产标准化、营销网络化，依靠科技创新、科学发展，让舒适的鞋类产品成为人类的享受。在奥康的终端市场，我们自主开发的功能鞋占到所有产品的1/3，从销售统计数据来看，这部分正成为奥康成功突围外部金融危机的关键所在。”

“科技奥康”战略的提出，不仅是基于对产业转型升级与市场发展需要的深刻认识，更是基于对自身能力的深刻把握，也成为奥康占领未来市场高地，在市场竞争中占据先机的强大动力。目前，奥康已申请各种发明专利60多项，已经拿到专利证书的有近50项，具备了比较雄厚的科技基础，特别是研发的国内第一台“量脚定鞋仪”以及北京奥运礼仪用鞋，已对奥康科技实力进行了一次全面的检验。

不管金融危机是否到来，温州企业发展到今天，都将面临产业升级和技术创新的问题。只不过金融危机的到来，使得温州企业提前进入产业升级和技术创新的快速通道。因为，只有如此，温州企业和温州人才能走在产业竞争的前面，继续保留做第一名的资格。

新战略，从“接受者”到“制定者”

在现代企业中流行一种说法：一流企业定标准，二流企业做品牌，三流企业卖技术，四流企业做产品。这是经济发展的普遍规律。标准是市场的准入门槛，谁先掌握和制定了标准，谁就取得了市场的优先权，获得了先期利益。我们中国企业明白这一道理，是在反复交了很多学费之后才领会的。而温州的企业家，也许是较早明白“标准”这一名词中所蕴涵的经济价值的一群人。

加里·哈默是全球著名创新公司Strategos顾问公司的创始人和董事长。他认为，经营规则的制定者，会从规则制定而导致的新的变化中获得经营的主动性和巨大的竞争优势。他认为这个世界的公司中是由以下三种公司构成的。

第一种是规则制定者，那些推动本行业发展起来的现有公司，IBM公司、CBS公司、联合航空公司、美林公司、西尔斯公司、可口可乐公司，诸如此类都是寡头垄断集团。

第二种就是规则的接受者，即那些向“巨头”效忠的企业，如富士、ABC、美国航空公司以及大量的其他公司。

第三种是规则的破坏者，如宜家公司、博迪公司、查理·斯沃伯公司、戴尔计算机公司、斯沃琪公司、西南航空公司以及许多其他公司等。属于规则破坏者的公司，既不受传统束缚又不受对先驱者敬畏的束缚，他们是反抗者，是激进分子，是行业的革命者。这些规则的破坏者，要么失败，要么成功，而成功的规则破坏者就是新的规则制定者。

成为规则制定者，必然获得更多的话语权，成为规则的接受者，就不得不接受规则制定者的要求，按照规则制定者的规定进行企业生产和经营。然而，国内的众多企业，在面对巨头时，时常也不得不选择成为规则的破坏者。

国内空调生产厂商格力与著名的国内家电营销巨头国美有过一场对抗。由于双方分歧较大，格力宣布中止与国美的合同，自己单独组织其产品的销售。格力作为生产厂家，它必定要求有对产品全价值链的实体掌控权，渠道的利润由它来分配，渠道的价格和利润体系由它来设置。格力多年来的规矩就是现款现货的批发交易。而作为渠道商的国美则不同，如果国美在发家的最初遵循厂家的游戏规则，它无论如何都不会长大。国美的模式是代销，利用间隔的“账期”缝隙来挪用厂家的资金求得自己的发展。它走的是另外一条路，改变游戏规则，让厂家按自己的游戏规则来行事。厂商之争实质是供应链上下游成员议价能力的拼争，而厂商间议价能力包括供需方数量、独占性、战略性资产、利用和转移代价、购买方式、品牌溢价、盈利率和信息透明程度等多个方面。从这次家电行业典型的厂商争端中可以看出，价值链上的话语权的谋取是成员间拼争的焦点，谁掌握了话语权，谁就掌握了价值链上游戏规则的制定权。

在现代商战的很多方面，“规则之争”往往表现在“标准之争”上。这是因为，“规则”取决于“标准”又反过来决定着“标准”，其结果是，“规则的制定者”与“标准的拥有者”往往都会集中在赢家一人手里，使其成为整个行业价值链条上战略主动权控制者。

随着温州企业发展到一定阶段，他们必然面临着众多行业规则的天花板。有些行业规则是世界产业巨头制定的，有些产业规则是不同的国家产业部门制定的。温州企业要想在未来的产业竞争中占有一席之地，必然不得不突破这重规则的天花板。他们要不就参与制定规则，要不就遵守产业规则。而现在，有越来越多的温州企业将选择成为规则的“制定者”。

温商在这个问题上再一次先走了一步。2009年6月，红蜻蜓参与制定的又一项国家标准GB/T2703—2008（鞋类术语）获国家质检总局、国家标委会批准发布。今年，红蜻蜓已经参与制定了四项关于鞋类的国家标准，并且是国家公安部警用鞋新修订的标准参与制定单位之一。

作为全国制鞋标准化技术委员会皮鞋分技术委员会的委员，红蜻蜓相继与中国皮革和制鞋工业研究院、比利时爱思康公司等国内外研究机构进行技术攻关和创新。他们与意大利百年企业LARIO、陕西科技大学合作，投入400多万元购置研发设备，率先在行业成立鞋科技实验室，先后研发了缓步减震鞋、司机鞋等系列功能鞋、运动皮鞋等系列科技鞋，至今已完成10多项有关皮鞋的技术改进和新产品开发。该实验室于2010年5月顺利通过“国家实验室”现场评审，有望成为皮鞋行业首家国家级实验室。

关于规则与标准，温州人是有切身体会的。无论温州人的产品要进入哪一个国家，它们首先都要符合该国的产品标准，其次要遵守这个国家的交易规则。要不遵守这些的规则，要不打破他们的规则。温州人首先是遵守他们的规则，然后就是打破他们不符合贸易常规的规则。为什么要打破他们的不合理规则，因为外国的竞争者为了不让温州产品进入，他们往往会制定众多双重规则，这导致他们不得不想办法去打破那些“无理的规则”。但在未来的竞争中，打破规则也许不是最好的办法，而参与制定标准和制定规则，才是真正的最有竞争力的做法。

创新商业模式，寻找核心价值

商业模式，这是现代投资人谈得最多的名词之一。商业模式决定一切，商业模式是决定风险投资家是否投资的重要参考。正如管理大师德鲁克所说："当今企业之间的竞争，不是产品之间的竞争，而是商业模式之间的竞争。"商业模式是企业竞争的最高形态，把握成功的商业模式才是企业竞争的制胜法宝。新的时代呼唤新的商业模式，创新商业模式的关键在于企业经营者如何寻找企业的核心价值。

然而，商业模式进入温州企业家的视野的时间并不长。由于长期从事加工业务，商业模式单一。温州企业在过去相当长的一段时间里，许多公司的成功都是从"工厂"开始的。从最初的"家庭作坊"，到几十个人的小型工厂，最后发展成拥有几条流水线的工业园。因此，商业模式这个词对大部分温州人来说，并不重要。

然而，随着网络经济时代的到来，很多产业发生了非常巨大的变化。最近十年来，诞生的一些新兴商业模式公司，打破了传统的成长规律。这类公司不仅没有工厂，而且没有市场销售人员，但他们的产品和市场却在疯狂增长。而那些拥有卓越产品制造能力却不重视市场变化的公司，却慢慢被消费者忘记，并不断地从市场中消失。

2007年10月，原卓越网创始人陈年先生创立凡客诚品，这家公司是选择自有服装品牌网上销售的商业模式。凡客诚品目前已是中国互联网中遥遥领先的领军服装品牌。据最新的艾瑞调查报告，凡客诚品已跻身中国网上B2C领域收入规模前四位。其所取得的成绩，不但被视为电子商务行业的一个创新，更被传统服装业称为奇迹。

凡客诚品的商业模式并不复杂。它没有工厂、没有分销渠道、没有店铺，省掉了传统服装企业绝大部分的固定资产投资，把生产、物流配送、质检等环节全部外包，自己管理供应链和呼叫中心，消费者通过广告和网站获得产品信息，通过互联网或呼叫中心订购服装。理论上，一件凡客诚品的衬衫将经过这样的生产流程：先到线厂买线，再找布厂生产布，再让与之有合作的服装加工企业代工，之后通过电话订购、网上销售的方式把衣服售出。

而温州企业美特斯邦威的成功，也许是温州企业中最早从事“虚拟经营”的公司之一。而这一商业模式却取得空前的成功。

十几年前，美特斯邦威因其“轻公司”的模式被质疑为服装业的皮包公司。人们觉得难以想象，一家服装企业怎么能没有工厂、没有店？但今天，美特斯邦威已经走出温州，把总部迁至上海，与300多家服装供应商建立合作，在全国拥有2000多家加盟和直营专卖店。2007年，美特斯邦威的销售额达70多亿元，2008年第1季度利润为1.4亿元，它甚至已经成为一些国际顶级品牌心存忌惮的对象。

美特斯邦威集团董事长兼总裁周成建说：“1995年的时候，美特斯邦威把生产外包、市场委托，只有设计中心和仓库，连办公楼都是租的。这个做法在当时被很多人说成是皮包公司。其实，在我们的模式里，我只是把生产和店面交给了专业的加工厂和有市场运作能力的特许加盟商，我来整合资源，建立管理的标准，把产品开发和品牌做得更好。品牌不仅是产品的符号，还应该是一种生活方式和服务标准，而确立这些需要一个过程。H&M的产品60%在亚洲生产，其中的30%在中国生产，产品的零售价格是国内服装的3倍，这就是它的品牌价值。”

美特斯邦威的商业模式特点是从制造业延伸到零售连锁品牌，以自主设计和品牌经营为突破口，将生产外包。核心就是把精力放在产业内利润较高的环节，增强对产业链的控制力。美特斯邦威通过这种模式得到迅速扩张。进入21世纪后，美特斯邦威开始调整战略，加大自建终端的力度。按照企业战略部署，未来分别有20%的生产能力和零售终端，要由美特斯邦威自己控制。用周成建的话说，这就是“借鸡生蛋”定牌生产和“借网捕鱼”特许连锁经营。值得肯定的是，中小服装品牌发展初期，虚拟经营模式有利于企业掌控产业链关键环节，在相同投入下取得更高的利润。

创新商业模式，通过商业模式的变革，控制品牌运营的关键环节，并通过品牌控制上下游，这就是商业模式的最高境界。美特斯邦威就是其中的代表，从模仿耐克等国际品牌的“虚拟经营”开始，已经形成了自己独特的商业模式。商业模式的更新，对于温州企业来说，又是一次变革成长的机会。

第十二章　温州人的出路二：品牌再造，温州产业的升级

◎品牌是当前众多温州人渴望得到的东西。一个知名品牌，意味着拥有巨大的市场份额和源源不断的收入。

◎文化是品牌的灵魂。没有文化的品牌，就失去了内在魅力，也就没有强大的生命力。因此，经营品牌时，要把品牌文化彰显出来，让消费者深刻认同它的品牌文化。当某一品牌文化深入人心的时候，它更能打动消费者，并且能使消费者更加忠诚于这一品牌。

◎转型大师拉里·博西迪和拉姆·查兰曾这样说：现在到了我们彻底改变企业思维的时候了，要么转型，要么破产。对于当前的温州企业来说，这句话太适合不过了。

买品牌，还是自创品牌

品牌是当前众多温州人渴望得到的东西。一个知名品牌，意味着拥有巨大的市场份额和源源不断的收入。世界饮料巨头可口可乐公司的一位总裁曾经说过："即使可口可乐公司一夜之间被一把火烧掉，他也能凭借可口可乐的牌子重建一个同样的公司。"其实还有很多像可口可乐一样的品牌，如耐克、阿迪达斯等品牌就是按照这种模式在经营。他们只有品牌，没有工厂。他们把生产都外包，根本不存在被烧毁的可能。所以，拥有一个知名品牌是全球企业孜孜以求的，特别是一个世界品牌。

但是品牌的建立不是一蹴而就的，而是经过长时间的积累和投入的。温州大多是长期做代加工的企业，企业发展到一定规模，虽然想自主创立品牌，但很多企业都没有成功。因此，很多温州企业想走捷径，那就是国外品牌代理和品牌收购。

温州企业与国际品牌结缘是从代理品牌开始的。统计资料显示，仅在温州永嘉桥头镇，就有3000多人在广州从事国际品牌代理，组建的代理企业有200多家，主要产品是服装和皮鞋、皮具，如金利来、鳄鱼恤、花花公子、梦特娇、华伦天奴、皮尔·卡丹、卡丹路、啄木鸟等。

温州企业从代理品牌中尝到了甜头。但是好景不长，国际品牌在中国打开市场之后，很快就避开代理商直接进入中国市场。代理品牌的经营模式对温州人来说，可以说是很难走得长远。但是要自己创造品牌，又需要经过长时间的打造，并且要想打造国际化的品牌更是充满挑战。因此，温州人又开始到世界各地寻找有潜力的品牌。以期收购一些具有价值的国际品牌。

然而在收购国外品牌时，温州人同样遇到各种各样的挑战。以温商收购皮尔·卡丹为例：

当温州商人把自己和皮尔·卡丹放在一起的时候，似乎很容易便吸引了所有人的眼球，尽管这只是一场不太成功的炒作。从有报道称法国皮尔·卡丹宣布出售在华成衣和衣饰业务起，温商收购皮尔·卡丹的消息就一直见诸各大报纸、网站等媒体，引领着人们的视听。虽然中间有广州健升贸易有限公司否认收购一事，但最后收购皮尔·卡丹在华业务改收购为入股收场。

皮尔·卡丹事件让人看到收购国外品牌之难。同时，即使收购了国外品牌，在经营上也要面临品牌经营能力的考验。对于温州的中小企业来说，可能很难在品牌经营上能胜任管理国际品牌。

中国企业收购外国品牌以联想、TCL等品牌企业为例，这些企业尚且在管理外国品牌都遇到了极大的挑战，那一般的中小企业就更是难以胜任。因此，收购外国品牌，应该更加慎重。除非具备较强的经营管理实力，否则别轻易花高代价收购国外品牌。

温州企业，应该学习法派、美特斯邦威、奥康等企业，在不断的经营过程中建立自身的企业品牌。自创品牌虽然要付出极大努力，但自己创立的品牌，更具有生命力和持续经营的价值。

给品牌插上文化的翅膀

文化是品牌的灵魂。没有文化的品牌，就失去了内在魅力，也就没有强大的生命力。因此，经营品牌时，要把品牌文化彰显出来，让消费者深刻认同它的品牌文化。当某一品牌文化深入人心的时候，它更能打动消费者，并且能使消费者更加忠诚于这一品牌。这就是为什么在中国，众多消费者买名牌香水首选香奈儿，买名牌手表首选劳力士，买名牌运动鞋首选耐克，买碳酸饮料首选可口可乐。即使大部分消费者都知道耐克和可口可乐饮料都是中国生产的，它们一样受到中国消费者的欢迎。因为这些品牌的文化深入消费者的心中。消费这些品牌，不仅是消费产品，而且是消费一种文化。

文化是影响消费者的心理感受的根源，品牌必须要挖掘消费行为背后的文化要素。消费者的文化需求，是一种新的消费趋势。随着人们消费水平的不断提高，对文化消费需求不断上升，人们不再满足于产品的使用，而是更多地追求视觉、听觉或者其他感官的文化享受。因此，在品牌经营时，注重品牌文化的挖掘，显得十分有必要。在品牌服装中，柒牌服装就带有独特的中华文化要素，从而深得消费者的喜欢。

越是民族的，越是世界的。越是有浓厚特色地域的文化品牌，越是受人欢迎。温州的“拉芳舍”咖啡馆就是因为带有浓厚的温州特色，从而受到温州人的喜欢。品牌文化也是一样，将优秀的民族传统文化融入品牌文化，能够让最广大的消费者产生共鸣。

中国本土品牌柒牌是民族情结及血统的代表。从倡导“立民族志气，创世界名牌”的战略口号，李连杰的成功代言，到“中华立领”的推出，无一不体现了“民族的，才是世界的”这一民族自豪感。此举令柒牌成为中国男装的代表。走进柒牌的终端，中国特色的店面、中华立领、唐装，无一不代表着中华民族独有的时尚。

而同样是服装品牌企业的红豆集团，也是一个以中国特色文化为品牌命名的优秀品牌。“红豆生南国，春来发几枝。愿君多采撷，此物最相思。”如此富有诗意的文化品牌，成为中国第一文化品牌，可谓名副其实。

红豆集团是江苏省重点企业集团，国务院120家深化改革试点企业之一。家喻户晓的“红豆”商标于1997年就被国家工商局认定为中国驰名商标，旗下拥有红豆衬衫、西服、茄克、西裤、内衣等“中国名牌”产品和红豆西服、衬衫、西裤、休闲服、内衣、羽绒服六个“国家免检产品”。红豆——以创民族品牌为己任，从企业初创的1957年，到走出困境的1983年，再到目前实施多元化产业发展，公司走过了辉煌的创业历程。

温州人钱金波在创立红蜻蜓时，就因为红蜻蜓是他儿时的玩伴，为他的品牌里加入了文化故事的元素。“小荷才露尖尖角，早有蜻蜓立上头。”钱金波，恰恰在品牌经过程做足了文化课，使红蜻蜓鞋文化在短时内推动品牌的快速成长。

红蜻蜓的总部坐落在温州永嘉的瓯北镇，与温州市区隔江相望。在创建红蜻蜓品牌时，钱金波先后做过无数与鞋文化相关的事情。其中鞋文化博物馆应该是其最大手笔的一件精品力作。

红蜻蜓鞋文化博物馆设计大气华丽，在鞋文化博物馆中存放不同朝代的鞋。钱金波曾说过：“在我们的鞋文化博物馆里，是把从远古时代开始的历代历朝的鞋子的演变历史做了些展览。但在博物馆里，你可能无法看出，这跟红蜻蜓的鞋子、市场、卖场到底有什么联系。是的，这两者之间看上去好像毫无关系。在我们红蜻蜓十年来对鞋文化的研究过程中，悟出了两句话，一句话是：潮流的轮回。另一句话是：文化的延续。”

在产品和技术越来越同质化的今天，品牌唯一能带来与众不同的就是文化。而消费者之所以能记住某些品牌，就是因为这些品牌有其独特的文化内涵和独特个性。承载不同的品牌文化，就是要有它不同的品牌个性。就像人们在看到一辆奔驰时，他们会想到“拥有显赫身份地位”的成功人士；而看到宝马则会想到“对生活充满激情”等。

中国本土企业经营品牌时间较短，缺乏品牌经营经验和能力，所以大部分品牌还没有真正培养出来，真正具有强烈品牌文化的品牌更是少见。而温州企业则更是少有具有鲜明特色的品牌。因此，温州企业在经营品牌时，更应该注重品牌文化的挖掘与培养。因为，在品牌竞争激烈的今天，产品很快会被复制，技术也容易被超越，而文化是品牌的独特个性，是很难被竞争者模仿和超越的。文化是品牌唯一不可复制的核心要素之一。因此，注重品牌文化的打造，是未来温州品牌经营的重要内容。

转型，品牌成长的机会

机遇和挑战总是相伴而生的。当前，温州经济正处于深度调整期和转型期，温州企业面临前所未有的困境和挑战，但同时也给创新型企业和品牌企业创造了难得的机遇。

根据温州媒体的报道，在金融危机发生后，不少温州企业有着优异的表现。其中德力西集团、正泰集团、华峰集团、奥康集团、森马集团、人民电器集团、康奈集团等品牌企业在此次金融危机中反而获得转型机会，并表现出不同寻常的增长和发展。

以森马为例。森马创立于1996年12月18日，是以生产、销售系列休闲服饰为主导产业的中国服饰行业龙头企业。旗下拥有“森马”休闲服和“巴拉巴拉”童装两大在线品牌，公司连续9年被评为“中国服装行业销售、利润双百强”，“中国民营企业500强”，位居中国服装行业竞争力10强之一。

森马不断在品质、品格和品位三个层面上下工夫，实施品质为基础的品牌战略。在产品创新方面，针对消费群体“年轻、时尚、潮流”的特征，引进和增聘国内外优秀设计师，不断深入地推进品牌战略，提升品牌价值。此外，森马根据形势发展，在商务模式上做出了重大调整，即从原来的“配补制”转向“订货制”，进一步提高了快速反应能力，降低了经营风险。为提升整个温州服装行业的发展，提升产业链，邱光和董事长提出“虚拟经营生产基地本土化”的经营战略，有效地推动了温州服装产业集群的快速成长。

目前，森马又把目光集聚到中高档休闲服装领域，并专门成立了新品牌的领导班子，不久，森马将拥有第三品牌、第四品牌。今后，森马将坚定不移地走多品牌发展路子，不断提升品牌运作能力。近期，森马更是加快了“资本社会化，企业公众化”的上市进程，借助上市东风，继续将全力打造温州总部经济，朝着品牌国际化、人才职业化、管理科学化、市场全球化、企业社会化的目标努力奋进，计划在2014年系统销售突破300亿元，把森马打造成中国服饰行业的领先集团，为实现“百年企业，百年品牌”奠定坚实基础。

德力西以多元化产业之路入围“产业联动，逆势扩张”的典型样本。

二十几年来，集团致力于“创造中国人自己的国际品牌”，为振兴中国工业电气行业创造出了辉煌的业绩。现在，德力西公司已有三类产品被评为“中国名牌产品”，电能表获得了“国家免检产品”称号，德力西商标被认定为“中国驰名商标”。德力西是中国酒泉卫星发射中心指定供应商，先后助“神舟五号”、“神舟六号”载人航天飞行成功，标志着德力西产品的安全性、可靠性达到国内一流、国际领先。在金融危机中，不仅救当前之急，更着眼于未来的发展，不断改造传统产业，积极拓展新产业领域。在电气主业稳定发展的同时，多元产业步入良性发展的轨道，初步形成了全方位、多层次的产业多元化体系。

正泰集团在全球金融危机中依旧高歌猛进，阔步向前。

始创于1984年7月的浙江正泰集团，现辖7大产业、2000多家国内销售中心和特约经销处，并在国外设立了40多家销售机构，产品覆盖了高低压电器、输配电设备、仪器仪表、建筑电器、汽车电器、工业自动化和光伏电池及组件系统等几大产业，产品畅销世界70多个国家和地区。

在严峻的经济形势面前，正泰加强企业内部管理，通过提高劳动效率、减少中间消耗、减少开支等措施，达到压缩生产和管理成本、提高利润的效果，并及时调整结构促进创新。正泰充分认识到单纯依靠廉价劳动力优势不可能使一个企业获得长远发展，因此，不断创新自己的产品，积极营造核心竞争力，扩大高新技术产品在出口产品中的比重。适时转移市场，正泰通过实施“走出去”战略，积极筹备海外建厂，寻觅并开拓新的目标市场。

“一个阔步迈向国际舞台的民族品牌，一个追求卓越的电气制造企业，一个以产业报国为己任的民营企业。”人们如此评价正泰。

在全球金融危机的冲击下，很多抗风险能力较差的中小企业陷入生存困境。但是，一些核心竞争力较强的温州企业则在危机中加速转型升级，提高企业自身的创新能力和市场竞争力；而另一些掌握核心技术能力的科技型中小企业则成为逆势而上的“黑马”，率先突出重围，成为市场“领跑者”。

转型是品牌发展层面的质的飞跃，也是企业经营方向、运营模式及其相应的组织方式、资源配置方式的整体性转变。成功的转型已成为基业长青的重要前提。

转型大师拉里·博西迪和拉姆·查兰曾这样说：现在到了我们彻底改变企业思维的时候了，要么转型，要么破产。对于当前的温州企业来说，这句话太适合不过了。

第十三章　温州人的出路三：国际化竞争

◎温州企业既要在这场经济全球化的市场中，找到属于自己的机会，又要应对全球化过程中的各种挑战。

◎温州企业不仅要想尽办法引进优秀的国际化人才，更要打造一套面向国际化的管理体系、用人机制和一流的企业文化，使国际化人才真正成为温州企业参与国际化竞争的重要人力资本。

海外扩张，多种方式打开国际市场

金融危机下，温州企业的国际订单急剧减少。失去外贸订单对温州企业来说，就等于失去了生存的基础。虽然，很多企业开始把目光转向国内市场，但外贸订单目前仍然是温州企业最为重要的业务来源。因此，如何在现在经济困局下开拓国际市场，是温州企业面临的最大难题。

继续争取欧美传统市场

金融危机以来，一些以往的主流海外市场虽然变得疲软，但贸易订单仍然还是经常不断。只不过现在的市场已经有了很大的变化。一者是订单的要求提高，利润减少；二者是高端市场空间仍然存在；三者是贸易壁垒加大。应对这种变化，温州企业必须找到对应之策，争取传统市场的业务。

现在大数温州企业开始进行产业升级，他们一方面加强技术创新，提高产品质量；另一方面，增加产品附加值，针对海外高端市场。

巨一集团有限公司总经理潘建中说："我们时刻跟随着美国时尚界的标向，2009年内的10个月来起码寄了100双样鞋过来，让美国的公司在款式上始终保持新颖，使得在美国的销售额也增长了近50%。"除了老面孔力保江山，新面孔也抢得更多市场份额，吉尔达、巨一等13家温州鞋企逐渐成为美国市场上的生力军。

再者，众多大中型企业共同联合在国外设立工业园，成立海外公司，争取海外贸易本土化，突破贸易壁垒。

目前，浙江省已经拥有4个国家级境外经贸合作区——康奈集团俄罗斯乌苏里斯克（中国）经济贸易合作区、华立集团泰中罗勇工业园、前江投资公司越南中国龙江经济贸易合作区、吉利公司墨西哥中国（宁波）吉利工业经济贸易合作区，数量居全国第一位。抱团出击，为广大中小企业“走出去”提供了平台。

由于长期从事国际贸易，温州企业已经逐步融入世界共同的“游戏规则”，在融入的过程中，这些企业的法律意识、全球意识、市场抗风险能力不断提升，走上了一条全新的发展道路。如今越来越多的温州民营企业再上新台阶，从当年“家门口也是国际化”的思维逐渐向“海外本土化”转移。

开辟海外新兴市场

金融危机之后，传统的欧美海外市场已经变得疲软不堪，想在短时间内反弹并不是件容易的事。而海外的市场是广阔的，一些新兴的非主流市场正在崛起。温州企业开始寻找海外“冷门市场”，并且收效不菲。

人民电器在马来西亚、尼泊尔、越南等国家打响了自己的品牌：3000多台互感器出口孟加拉国，1000多台电力变压器出口尼泊尔，在越南投资兴建光江水电站；以低压电器为主的正泰集团，正以太阳能产业进军非洲的肯尼亚；华仪集团把新开发的风机出口到了智利；乐清安德利摩托车配件有限公司把摩托车头盔“戴”到北非的梅利利亚……鞋类产品则成功打开了相对封闭的朝鲜市场。2009年7月底，朝鲜庆兴总会社联系康奈集团订购秋鞋，此后，出口到朝鲜的康奈皮鞋在大圣、庆兴、光百等3个商场迅速售罄。

温州鞋在全世界是出了名的。但是近年来，温州鞋在海外市场遇到的问题众多。温州鞋海外传统市场主要集中在欧盟、俄罗斯、美国等欧美国家。金融危机之后，美国、欧洲等传统海外市场需求急剧下降；俄罗斯“灰色清关”查扣温州鞋事件，又让温州鞋出口俄罗斯受到重创。四面受挫的温州鞋企，无奈之下，开始寻求新兴海外市场。

2009年12月，奥康公司应客商要求首次向埃及出口了3000双鞋子；2009年12月底和9月中旬，康奈公司生产的鞋子将分别“拓荒”南美国家苏里南、东亚国家朝鲜的市场……原本涉足较少的国际冷门市场，也逐渐有了温州鞋的脚印。 据市鞋革行业协会统计，2009年上半年温州鞋对瑞士、古巴、约旦、黎巴嫩、叙利亚、巴基斯坦、安哥拉、乌干达等国家和地区的出口量，同比增幅达60%以上。尤其是温州鞋对瑞士出口额达2400万美元，比2008年同期增加了近1000万美元；对以前没有涉足的阿塞拜疆、赤道几内亚、朝鲜、津巴布韦等国，今年也开始有了少量出口。在温企主动挺进这些市场的同时，部分国家的客商也主动上门，要求进口温州鞋。

2009年11月份，温州市鞋革行业协会将组织温州鞋企前往南非参加“2009南非开普敦第十一届国际纺织品、纺织机械及鞋类展览会”。据协会秘书长谢榕芳介绍，该展会是非洲地区最大的贸易展览会，温州鞋企此行抱团前往参展主要是为了进一步拓展非洲市场，扩大对非出口。协会下半年还将组织企业前往印度等国参展，力争开辟更广阔的国际市场。一场温州鞋开拓国际冷门市场的战略布局正在悄然铺开。

可以看出，温州企业在金融危机之后面对传统海外市场的萎缩，通过从欧美热点市场到冷门市场，温州企业正在打开新兴的国际市场，真正建立温州企业的全球化路径。另外，通过产业升级和思维转变，温州企业正在逐步深化和创新国际化竞争的理念。虽然现在的温州企业仍处在重重困难之中，但我们有理由相信，温州企业在国际化竞争的路上将会大有前途。

把握国际经济新趋势，提高全球竞争力

由于大部分温州企业都是以外贸订单加工为主，所以全球市场对温州来说，非常重要。而研究全球经济发展趋势，掌握全球市场的变化和未来的趋势，应该是温州企业家要做的重要功课。过去温州人习惯于等外贸订单上门，不用太多关心国际经济形势。然而今天的全球经济形势，风云变幻，如果不及时跟上全球经济发展节奏，很多温州企业有可能遭到淘汰出局。

作为温州企业家，在研究全球经济形势时，既要把握未来整体性的全球经济趋势，比如全球化的基本共性。又要把握未来几年全球经济中不同区域的经济发展变化趋势。尤其是其主要市场的变化。为什么这样说呢？例如作为一名从事全球经济贸易的企业家，如果连所在市场的国家主要变都不了解，肯定会影响企业发展。金融危机一来，很多温州企业都是在没有任何准备的情况下，就被这场经济洪水所淹没。

作为全球贸易的温州企业家，应该掌握经济全球化的以下几个特征：

1.贸易全球化，新的贸易壁垒可能形成。随着全球货物贸易、服务贸易、技术贸易的加速发展，促进了全球贸易自由化的发展。但是随着金融危机的到来，很多国家都采取各种政策，积极保护本

国工业，这将形成新的贸易壁垒。

2.生产全球化，全球加工业向新兴国家梯度转移。生产国际化，极大地推动着世界市场的扩大。互联网技术的不断进步，将使生产国际化进程加速。中国是生产力转移的典型国家，而温州曾经就是全球加工业的重要承接地。然而，今天的中国，再也不是全球化生产的唯一承接地，很多国家如印度、越南等，都将是未来全球生产基地的最有力的竞争者。

3.金融全球化，新兴国家金融市场越来越发达，但金融风险也将向新兴国家转移。世界性的金融机构网络日益完善，大量的金融业务跨国界进行，跨国贷款、跨国证券发行和跨国并购体系已经形成。金融全球化，为温州企业提供了全球融资的可能性，但金融风险的全球化，也将带给温州企业的全球贸易更大的风险。因此，温州企业在从事国际贸易时，要多一分金融风险的意识。

4.科技全球化，跨国公司加大技术投入和在新兴国家建立更多的技术研发中心，提高技术竞争优势和技术垄断。各国科技资源在全球范围内的优化配置，是经济全球化最新拓展和进展迅速的领域，表现为先进技术和研发能力的大规模跨国界转移、跨国界联合研发广泛存在。由于传统行业在经济危机中容易受到打击，而新兴技术却得到极大的发展机会。近几年，全球众多跨国公司进一步强化技术创新战略，加大新产品和新技术研发投入。如微软公司2008年四季度收入未增，但研发费用同比增加21%；英特尔公司当季利润下降90%，但研发费用仍达到13.2亿美元。而且这些跨国巨头，看到了新兴市场国家的人才优势和成本优势，先后到中国、印度等新兴国家建立研发中心，加大了技术人才的争夺和竞争。

5.网络全球化，发达国家的网络技术不断升级，新兴国家网络进一步普及。由于网络技术的快速全球化，互联网的力量将越来越强大。如今任何企业，都必须面对网络化的消费者和市场。

6.环保节能意识全球化，发达国家越来越强化环保节能意识，而新兴国家也将更加注重环保节能意识的培养。由于环保节能意识的进一步全球化，对生产企业来说，不得不提高环保节能标准，应对这场全球环保节能的变革。

经济全球化已成为一种客观的历史潮流，正如英国著名经济学家约翰·邓宁教授所说："除非有天灾人祸，经济活动的全球化不可逆转。"但在全球化的过程，由于金融危机的影响，世界经济仍然充满变数。温州企业既要在这场经济全球化的市场中，找到属于自己的机会，又要应对全球化过程中的各种挑战。

智本升级，引进国际化的经营管理人才

“注重人才，以人为本”是跨国公司共有的经营理念。人才是企业持续发展的动力，是企业技术创新的源泉，是企业有效管理的基础。争夺人才是跨国公司在中国争夺市场的第一场较量，每一个跨国公司在中国经营都通过其独有的人力资源策略来吸引人才。

美国IBM公司的成功奥秘就在于对人才的充分尊重。1914年托马斯·沃森创办IBM公司之初就已提出“三条准则”，后来被称为“沃森哲学”。这三条准则对公司成功所贡献的力量，被认为比任何技术革新、市场销售技巧或庞大财力所贡献的力量都更大。其中第一条原则就是“要尊重个人”。

丰田公司之所以能备受业界推崇和敬仰，关键在于丰田尊重每一位员工，相信每一位员工的能力，充分调动每一位员工的潜能去创造性地工作，同时每一位员工都视厂如家、以厂为荣，全员都富有激情和成效地工作，整个企业焕发出强大的生命力。

在日本，曾有过这样感人的一幕：一位头发花白的老人在经过一家五星级酒店的停车场时，看到一辆丰田汽车车尾处沾满了飞溅的淤泥，他走过去，从口袋里掏出一张洁白的手帕，主动为这辆汽车清洁污垢。车主很奇怪地问其原因，他说道：“我不希望在街道上看到这么脏的丰田车！”后来人们才知道他是已退休10年的丰田

工人……丰田人这种认真负责的精神造就了风靡世界的丰田汽车。

随着中国越来越广泛深入地加入国际经济体系以及越来越多的跨国公司来中国投资，对人才特别是高端人才的争夺有愈演愈烈的趋势。宝洁公司前任董事长Richard Deupree曾说：“如果你把我们的资金、厂房及品牌留下，把我们的人带走，我们的公司会垮掉；相反，如果你拿走我们的资金、厂房，而留下我们的人，10年内我们将重建一切。”可见，人才对于企业在国际化竞争中的地位和作用。

近年来，温州人认识到，参与国际化竞争，就必须要有国际化的经营管理人才。原先习惯于家族化管理的温州企业，现在同样也将目光和触角延伸到海外当地市场纷纷聘请国际化的高端人才。

2011年年初，温州市委公布《温州市“580海外精英引进计划”实施办法》，计划从2011年开始，利用5年时间，引进80名左右能够突破关键技术、发展高新产业、推动创新发展的海外高层次人才。

温州市委人才办近期宣布，作为实施“580海外精英引进计划”，今年，温州市将面向全球知名高校、科研院所和企业遴选、引进20名左右海外精英，为加快转型发展提供更有力的人才支撑。为推进“580海外精英引进计划”，今年年内，温州将在全球范围内建立15个海外人才工作联络站。

温州政府的这种胸怀，应该能为温州企业引进更多的国际化人才。但是，温州企业目前对国际化人才的渴求，是产业升级过程的必然要求。所谓远水不解近渴，5年时间的80位海外人才，远远不能解决温州企业对能国际人才的需求。

2010年12月，由德力西集团、华基化工、兴乐集团等组成的温州首个赴北美“引才团”分别在美国旧金山、华盛顿，加拿大多伦多大学举办了三场海外人才和科技项目洽谈会，物色了39名海外“良才”。

兴乐集团董事长兼总裁虞文品随温州团多次前往美国招人。企业带去了许多高级的岗位，比如超高压电缆工程师、电缆附件工程师、核电站电缆工程师等，以及与之相对应的超高压电缆技术、高压电缆附件、核电站电缆、碳纤维复合材料等项目。

先“走出去”的温州民营企业在国际化道路上，视野正在进一步放宽：在已经雇用“老外”打工的基础上，现在也聘用当地“老外”管理自己的跨国企业了。正泰、奥康等温州大型企业集团，都已经聘用众多国际优秀人才，为他们开展国际业务。

正是认识到人才的重要，森马集团即便是在金融危机带来的重重压力之下，也没有缩减人才储备、管理培训计划，反倒比往年有所增加。事实上，报喜鸟、法派、美特斯邦威等温州服装品牌企业也都没有任何减员减薪计划，相反却应公司发展需求增加新员工，相对增加人才储备比重。他们通过校园招聘、社会招聘等形式大揽人才，以期在金融危机中猎得更多优秀人才。

留住人才的关键不仅仅是薪酬，更具有凝聚力的是企业的文化。综观现在所有知名、拥有好口碑的企业无不具有独特、优秀的企业文化。跨国公司在从事跨国经营时，越来越多地依靠“企业文化”来进行公司管理。跨国公司在中国经营时都结合了中国的特点进行了调整，使其更适应本土化趋势，从而在企业管理中显示出无穷的力量。因此，作为在国际市场进行全球竞争的温州企业，不仅要引用国际人才，还要善于用企业文化去管理国际人才，并且适度地将管理本土化。这样不仅会招进国际人才，还能留住人才，并成就企业的真正国际化。

以“创新”为企业文化的核心，在变幻莫测的市场中“迅速反应，马上行动”，如今的海尔不仅是国内知名的家电品牌，而且正在朝着国际化品牌的路线前进，不断壮大的海尔离不开海尔精神的支撑。

麦当劳的“质量、服务、清洁”的价值理念指导着每一个员工每一天的工作，它的品牌形象让顾客感受消费的不仅仅是它的食品，更是消费它的文化，正是这种文化使它成为全球最大的以经营汉堡为主的速食公司。

俗话说，筑好巢，才能引来金凤凰。温州企业不仅要想尽办法引进优秀的国际化人才，更要打造一套面向国际化的管理体系、用人机制和一流的企业文化，使国际化人才真正成为温州企业参与国际化竞争的重要人力资本。

第十四章　温州人的出路四：服务竞争，温州企业进入服务经济时代

◎在服务过程中坚持顾客至上，顾客第一，并为顾客提供超值的服务，这才是当今天服务的真正要求。

◎在竞争激烈的当今服务时代，服务创新就是在创造顾客需求，创造顾客需求也就是创造市场份额。

服务，这个时代的必然选择

当今的时代是服务经济的时代，服务业不仅将成为国家未来的一个支柱性产业，服务也是其他任何产业必备的经营内容。服务的作用和价值不言而喻。成功的客户服务是联系企业和客户、产品和市场的纽带，不仅能够帮助企业达成销售目标，而且有助于维持客户稳定，提升和培育客户忠诚度。

据研究，企业的服务质量提高1%，销售额可增加1%，可见服务的威力。沃尔玛就是一家以服务闻名世界的连锁企业。在沃尔玛不仅要求服务，还要求微笑服务。在微笑服务上，他们有一个“统一规格”：员工对顾客微笑时必须要露出8颗牙齿。只有微笑时露出8颗牙齿才算“合格”，因此，员工必须要进行练习，一直到完全合格为止。把嘴露到8颗牙齿时，人的微笑才表现得最为完美。

今天，沃尔玛的微笑服务被很多企业模仿。微笑，这在很多企业都列入必修内容。下面这个12次微笑的案例，就能说明这个问题。

一架飞机在起飞前，一位乘客请求空姐给他倒一杯水吃药。空姐很有礼貌地说：“先生，为了您的安全，请稍等片刻，等飞机进入平稳飞行后，我会立刻把水给您送过来。好吗？”

15分钟后，飞机早已进入了平稳飞行状态。突然，乘客服务铃急促地响了起来，空姐猛然意识到：糟了，由于太忙，忘记给那位乘客倒水了！空姐连忙来到客舱，小心翼翼地把水送到那位乘客跟前，面带微笑地说："先生，实在是对不起，由于我的疏忽，延误了您吃药的时间，我感到非常抱歉。"这位乘客抬起左手，指着手表说道："怎么回事？有你这样服务的吗？你看看，都过了多久了？"空姐手里端着水，心里感到很委屈。但是，无论她怎么解释，这位挑剔的乘客都不肯原谅她的疏忽。

接下来的飞行途中，为了补偿自己的过失，空姐每次去客舱给乘客服务时，都会特意走到那位乘客面前，面带微笑地询问他是否需要水，或者别的什么帮助。然而，那位乘客余怒未消，摆出一副不合作的样子，并不理会空姐。

飞抵目的地前，那位乘客要求空姐把留言簿给他送过去。很显然，他要投诉这名空姐。此时，空姐心里虽然很委屈，但是仍然不失职业道德，显得非常有礼貌，而且面带微笑地说道："先生，请允许我再次向您表示真诚的歉意，无论你提出什么意见，我都将欣然接受您的批评！"那位乘客脸色一紧，想说什么，可是却没有开口。他接过留言本，在上面写了起来。

飞机安全降落。所有的乘客陆续离开后，空姐打开留言簿，惊奇地发现，那位乘客写下的并不是投诉信，而是一封热情洋溢的表扬信。信中有这样一段话："在整个过程中，你表现出了真诚的歉意，特别是你的12次微笑，深深打动了我，使我最终决定将投诉信写成表扬信！你的服务质量很高。下次如果有机会，我还将乘坐你们的这趟航班！"

温州企业以前大部分都是以加工订单为主的外贸型企业，不直接接触客户，是以产品为中心的企业，只注重产品本身。而现在很多温州企业转型进入市场，直接面对消费者，是以市场和消费者为中心的服务商。因此，服务质量的好坏反而成了客户对企业是否满意的关键点。

如今，只要是以品牌经营的温州企业，都把服务列入了重要的工作内容。下面这几个小故事就是来自于报喜鸟和法派等知名温州服装企业的服务故事。

河北霸州的企业主刘先生在成为报喜鸟VIP会员之后，对俱乐部策划的一些活动都挺感兴趣：黄河源头自驾游、体检，及其他一些团体活动。而对于刘先生来说，最重要的是莫过于让他坚持住了每年一次的体检。刘先生表示，过去由于工作较忙，虽然也会安排体检，但到了体检那一天有事或者说懒一下，就不去了。自从VIP俱乐部推出免费体检以后，公司的工作人员会提前一段时间就开始打电话或发短信提醒自己，体检前一天要打电话告诉你注意事项，第二天再发短信提醒不要进食等，态度超好，难以拒绝。现在他自己也开始越来越重视身体的健康问题。

目前，庄吉、法派等公司也都有专职的工作人员做VIP俱乐部工作，且花样越来越多，级别也越来越高。

法派一位钻石级的VIP客户祝先生表示，这几年VIP客户服务内容非常丰富，也很有新意。其中有一年，他与其他近100名VIP客户一起到意大利、法国等欧洲国家游玩，还包括参观当地组织的大型服装展览会，让他觉得大有收获。祝先生说：“相对于消费积分用于兑换产品的活动，倒不如这些增值服务来得更有意义，让人觉得品牌的服务更贴心。”

在这个以“服务为王”的服务经济时代，客户服务质量对消费者体验结果有很大的影响作用。从企业的价值链来看，“研发—采购—生产—营销—销售—服务”，而服务在企业价值链上最靠近消费者。因此，服务的好坏直接影响甚至决定了客户的满意度和忠诚度，至关重要。在产品质量、品牌影响力相同的情况下，服务往往会成为一个企业的核心竞争力。

全球工厂巨头IBM，主动出售电脑生产部门，转向了服务业务，而其公司业绩得到了大幅度提升。未来的市场，将是以服务为基础的市场，未来的时代将是服务的时代。温州人要想把产业做大做强，就必须把握服务时代的脉搏！

新价值，为顾客提供超值的服务

为顾客超值的服务，就会赢得超值的回报。在网友眼中，“只要是地球人，就无法拒绝海底捞的服务”。而市场火暴的海底捞就是一个以服务赢得消费者青睐的餐饮品牌。

如果你走进海底捞，排队等待用餐往往是不可避免的，但这一个极其枯燥的过程，在海底捞却成为一个让顾客印象深刻的环节。其间，服务员会时不时送上免费的饮料、水果和点心，顾客既能免费享受擦皮鞋、上网、美甲等服务，也可以随意挑选打牌、下棋之类的娱乐项目。因此在漫长的等待中客人们感到不是那么着急了。

像这样贴心的服务，张勇已经使其延伸到海底捞从用餐到结账的各个环节中：上了饭桌，火锅菜可点半份，饮料可以免费续杯，水果免费……针对不同的顾客还有特殊服务，比如对女士，会赠送皮筋，用来绑起头发，避免粘到食物；顾客中有孕妇，服务员会送上柔软的靠枕；戴眼镜的客人则会得到擦镜布，以免热气模糊镜片……

除此之外，“海底捞式服务”还格外大方。在卫生间准备了免费的护肤品和牙刷牙膏；糖果几乎可以无限拿取。有意思的是，因为服务员在不停地给排队等候的客人发饮料和小吃，有些客人还没等到上桌吃火锅，就感到差不多已经吃饱了。

海底捞为顾客提供了超值服务，顾客就愿意为其重复买单，并数倍地回报它。2010年，海底捞已经成为拥有超过50家连锁店的餐饮企业，公司营业收入超过6亿元，营业利润超过1亿元，资产总额达到2.5亿元。而今天的海底捞，不仅店铺在增加，营业额在扩大，而且成为世界知名服务企业案例。这一点，连这家公司的创始人都是没有料到的。

在服务过程中坚持顾客至上，顾客第一，并为顾客提供超值的服务，这才是当今服务的真正要求。在竞争激烈的当今服务时代，服务创新就是在创造顾客需求，创造顾客需求也就是创造市场份额。

为顾客提供超值服务是沃尔玛区别于所有其他公司的特色所在。沃尔玛的创办人山姆·沃尔顿说过："所有同事都是在为购买我们商品的顾客工作。事实上，顾客能够解雇我们公司的每一个人。他们只需要到其他地方去花钱，就可以做到这一点。衡量我们成功与否的重要标准就是看我们让顾客——'我们的老板'满意的程度。"在沃尔玛，只有顾客才是老板，顾客永远是对的。

温州鞋王奥康之所以能有今天的成就，也因奥康为顾客提供不一样的服务。奥康承诺：消费者无论在何地购买的奥康鞋，只要在"三包"期范围内，到国内任何一个专卖店，都能享受一样细致的售后服务。只要是客户的合理要求，公司会尽量满足。售后服务一切以客户满意为中心。此外，客户服务部正在建立"顾客俱乐部"，对照会员制，为奥康的每一个消费者提供更为优质的售后服务。

陈佳友是温州市区人，不久前他在五马街买了一双奥康鞋。2月

24日，是他的生日。这一天，他意外地收到了一份来自奥康公司的“温馨祝福”。原来他在购鞋时接受了导购员的建议，填写了奥康客户俱乐部的申请单，成为了俱乐部的一员。

在奥康公司，至今仍流传着许多消费者与奥康之间温馨的感人故事。

有一个建筑工地的工人，一直都渴望拥有一双好皮鞋。终于有一天，他拿着省吃俭用省下来的钱，到奥康的专卖店里精挑细选了一双皮鞋。

皮鞋买回去后，他很高兴地穿上了。可是由于不懂得怎么养护，皮鞋不小心在施工工地上沾了一些化学药品。鞋面由于腐蚀，掉了一块漆，可他并不知道是自己的大意造成的，以为皮鞋的质量有问题，于是就将鞋拿回奥康专卖店去修。

奥康的员工一看就知道是怎么回事，可看到对方一脸无辜的样子，考虑到他挣钱很不容易，于是就拿着鞋子去问经理。当时负责这件事的是奥康营销事务部的经理吴文斌。

他觉得一个建筑工人，能够用辛苦攒下来的血汗钱，买一双奥康的鞋子，这是对公司莫大的信任，又怎么能让人家失望呢？于是他对那位建筑工人说：“没问题，你先把鞋子放在这里，我们修好以后再和你联系。”

于是那位建筑工人留下自己的联系电话后，就回去了。等奥康的员工将这双皮鞋重新刷漆、翻修后，就给那位工人打电话，可这位工人说自己非常忙，白天晚上都在赶工，根本没有时间过来取鞋，鞋就先存放专卖店。吴文斌一听，就说：“没有关系，你把家里的地址告诉我，我们给你送过去。”可这位工人的家住得非常偏僻，吴文斌在巷子里转来转去，找了整整3个小时，才找到这位工人的家。

当他把这双焕然一新的皮鞋送到这位工人家人的手上时，他的家人非常惊讶，也非常感动，他们怎么也没有想到，一个这么大的品牌，会费这么大的劲，亲自把皮鞋送到自己家里来。

如今，服务竞争和服务创新，将成为企业综合竞争力的重要组成部分。在为顾客提供服务，不仅要满足大部分顾客的要求，还要尽量满足少数顾客的个性化需求，而只有这样才能算是真正做到了超值服务。有了这种服务精神的企业，他们的服务就会成为企业文化的一部分，而这种服务精神可能是决定企业竞争力的核心部分，也是其他公司无法学习和模仿的。温州企业作为最早以顾客为中心的企业群落，相信在领会服务精神之后，同样会创造出更多的服务奇迹。

第十五章 温州人的出路五：找到互联网与新经济时代的生存之道

◎网络正以不可思议的速度推动着人类经济和整个社会的发展。它从根本上改变了传统的商业模式和营销渠道，加速了所有行业的渠道升级，改变了人们的消费习惯和市场思维。

◎网络正在改变消费者，消费者正在改变商家，这是不可逆转的网络消费时代。

渠道升级，互联网改变21世纪

据媒体报道，截至2011年3月底，中国已备案网站数量达到382万个，网民数量达到4.77亿，互联网正对社会、经济、文化等各个领域产生巨大影响。网络将对商业产生变革性的影响。不管是商家，还是消费者都彻底被网络所改变。

互联网的普及对渠道多元化的贡献很大。越来越多的年轻消费者开始习惯网上购物，更低的价格和更多的选择成为互联网跻身主流渠道的核心利益。淘宝网、当当网、京东网、卓越网等一系列基于互联网的服务商共有的优势——让消费者以更低的价格和时间成本，获得最需要、性价比最高的商品。

而在这几年的中国电子商务中，成长最快的除了淘宝之外，京东商城算是一个奇迹。

360buy京东商城由刘强东先生于2004年年初创办。刘强东，网名“老刘”，1996年毕业于中国人民大学社会学系。尽管大学期间学的是文科专业，但酷爱编程的他将所有课余时间用在了学习编程上，并通过独立开发几个项目的程序掘到了人生中的第一桶金，并为今后的创业之路奠定了坚实的基础。1998年“老刘”放弃优越的工作，独自来到中关村创业，代理销售光磁产品。2003年的非典迫使“老刘”改变传统经营模式，涉足电子商务领域。并亲自带领团队进行信息系统建设。2007年，京东商城迎来了丰收的一年：成功吸引千万美元的风险投资；销售额完成从千万元到亿元的完美逾越。

2010年京东商城销售额达到1040亿元。2011年全球100家最有价值新创网络公司，京东商城超过TWITTER位居第四，成为唯一一家入围前五的中国公司。

渠道的改变，在家电行业，最为明显不过。家电行业目前可以说是处于多渠道混战的局面。

2010年，国美、苏宁两大家电连锁巨头的销售收入仍占到中国家电实体店销售总额的25%，但家电连锁大卖场业态的销售额增长却遭遇瓶颈。而以京东商城为代表的网上家电销售额却迅猛增长，早在2009年就已经超过400亿元，2010年达到1040亿元，环比增长达373%。海尔、长虹、康佳等家电制造商纷纷进入网上销售，与网购商合作。

然而事情并没有这么简单，由于担心网上渠道分割的市场份额太大，国美电器网上商城和苏宁易购也先后上线。国美、苏宁形成的融实体店和网上销售的"混合型网商"，和与京东为代表"专业型网商"展开强烈竞争。

另外，还有一点不可忽视的是家电企业自行开设网络直营，如果家电企业营销得力的话，直营网店也将占据重要的销售比例。

而这两年快速崛起的团购网站，也是重要的一支网购生力军。团购网的加入，让本来就混战的分销局面，更加令人眼花缭乱。

如此一来，网络所带来的渠道升级，将呈现多元化分布，彻底打破了原有的竞争格局。温州企业在这场网络渠道的巨变中，不得不主动去适应和改变。现在有越来越多的温州人在网上开店。

来自淘宝网的统计，目前淘宝网上“温州店”总计有12474家，在浙江排名第三，仅次于杭州与宁波。

通过网店，很多温州特色商品走向了全国，比如鸭舌。吧吧香鸭舌专卖店是在2007年年初成立的，一年多时间，卖家信用度冲到了12284，达到皇冠级别（成功一笔交易，卖家信用度增1分），其成为淘宝网全国唯一一家皇冠级鸭舌卖家。

据店主陈亮介绍，该店薄利多销，回头客多。过年生意好时，每天可以卖掉500斤左右，按每斤80元计算，营业额可达到4万元。另外，像初旭鸭舌、修文鸭舌、藤桥熏鸡等特色商品，也都取得了不错的销售业绩。

在温州，进入电子商务的不仅是那些新兴电子商务人士，原来的品牌企业大部分都已经或正在进入电子商务领域。

休闲品牌的美特斯邦威，把目标瞄准了另外一个100%年轻时尚群体——“劲舞”玩家。而在实际市场运作中，美特斯邦威更把营销开展到了网上网下，消费只要购买美特斯邦威衣服，就可得到赠送的劲舞服装。然后美特斯邦威给劲舞所属的游戏公司返利。这是一项双赢的合作，对双方都有很大的好处。在劲舞商城里添加一个美特斯邦威专区就可以让玩劲舞的玩家知道这一活动。

美特斯邦威一方面是利用现有的淘宝平台，另外一方面还在网络上自建服装专卖店，这个网络平台的构成包括：网络销售平台，自主广告平台，服装业咨询平台，互动平台，平台之间相互联系，引入了商务即时通讯系统。各平台之间相互提供支持，成为一个立体的全效营销平台。周成建还计划用上市募集资金开始B2C网络建设以及渠道拓展。

网络正以不可思议的速度推动着人类经济和整个社会的发展。它从根本上改变了传统的商业模式和营销渠道，加速了所有行业的渠道升级，改变了人们的消费习惯和市场思维。以网络为中心的新经济时代已经到来，互联网和电子商务正成为21世纪商业和贸易的核心动力。有人曾预言，5 年内所有企业都将成为网络企业。而这一天正在到来，温州人应该提前准备好如何应对。

抓住被互联网改变了的消费者

网络时代，消费者追求个性化消费行为与消费需求不断冲击着传统的消费模式。如今，更多的消费者已形成了强烈的网购消费习惯，并且有不少消费者开始在网购中体验新兴的网络消费文化，寻找一种新的消费乐趣。无论你是愿意还是不愿意，现在消费者的消费需求有很大一部分正转向网络商城。而像淘宝、当当网、京东商城，在渠道中占有很大的优势。网络正在改变消费者，消费者正在改变商家，这是不可逆转的网络消费时代。

小王在泉州一家外贸公司做文员，是资深的网络买家，在淘宝网短短半年时间已花费上万元。她告诉记者，以前在网上买衣服，因为不能试穿，也看不到真实的面料和颜色，所以浪费了很多钱换回一堆并不合适自己的衣服。多次的打击让王小姐一度很抵触网购。后来，王小姐在商场专柜看中了一款秋装，但由于是新款，所以专柜只打8.8折，“折完还要300元。”由于超出了财政预算，小王忍痛放弃了。回家后，王小姐偶然在淘宝搜索中输入了该品牌，结果找到不少网络代购者，同款式在网上只要150元。王小姐按照自己的尺码购买了一条。一周后衣服寄到家，王小姐一试穿，跟专柜的一模一样。从此，王小姐无论买什么都要先上网搜索一下，成了忠实的网络代购买家。

我们以淘宝网为例，来看看互联网是如何改变中小企业和消费者的。

2003年5月，淘宝网诞生上线。20天后，淘宝网便迎来第10000名注册用户。在2003—2005年这三年间，淘宝也在不断学习借鉴中，探索出一套独特的C2C运营模式，例如抛弃eBay邮件式沟通，开发了旺旺即时通讯工具；创造了安全可靠的第三方支付工具——支付宝，解决了支付环节的诚信问题，并在2005年升级，推出"全额赔付"制度。可以说，这场战争也在无形中推进了整个中国网购市场的规范化。

2008年，淘宝网创造了57万个直接且充分的就业岗位，这相当于上海市2008年全市新增就业岗位数的总和。据全球咨询机构IDC测算，每一人在淘宝开店实现就业，就将带动2.85个相关产业的就业机会。以物流业为例，淘宝网仅2008年就给中国物流业贡献了近3500亿元产值！淘宝还催生了众多新兴行业，改变了人们的就业方式，出现了"新360行"，例如网店客服、淘宝客、网店模特等。

网络消费正以一种全新的模式影响和改变着人们的生活，同时也改变着消费者与企业之间的联系。所以，网络消费者的消费行为对营销策略起着举足轻重的作用。

以小商品大市场为特点的温州经济格局曾经震动整个中国经济界，然而，由于对温州经济模式缺乏全面、现代的营销理论思考，温州传统经营模式的诸多弊病未能得到有效的解决。随着市场竞争的愈演愈烈，温州经济如何摆脱传统的框架，进行自我扬弃，因此以新的发展模式取代旧的传统模式已成当务之急。

整合网络营销，赢得未来的战争

互联网的普及彻底改变了现在的营销格局。未来网络营销将在营销平台占有非常重要的分量。

对于企业营销来说，网络营销充满着诱惑与挑战。整合平台，对于网络营销，甚至是对于营销来说，是最有效的一个方式。网络的平台，大致可分为：门户、论坛、博客、播客、游戏、视频、SNS、即时通讯、邮箱、微博等。而2011年，微博营销正成为一种全新的营销工具牵动着新浪、搜狐、腾讯等网络巨头，并且正在上演一幕幕新“微博”大战。

网络营销可以在各个独立的平台上进行，也可以多平台运作。目前常见的网络整合传播方式，整理总结有以下四个重要方面。

1.论坛、博客等口碑营销

传统的口碑营销是指企业通过朋友、亲戚的相互交流将自己的产品信息或者品牌传播开来。这种口口相传的营销最具可信度和亲和力。网络中口碑营销主要是在论坛和博客中进行。

网络论坛，相当于现实生活中的街头巷尾，网友们在论坛中各自发表观点，人气往往非常旺。博客最初的名称是Weblog，由web和blog两个单词组成，就是网络日记，其内容通常是公开的，自己可以发表自己的网络日记，也可以阅读别人的网络日记。博客具有知识性、自主性、共享性等基本特征，企业可以利用博客这种特性，发布企业的产品信息，宣传企业品牌。企业可以开设企业自身的博客，也可以在影响力较大的别人的博客发布信息。

2.网络游戏、视频、SNS等植入营销

网络中的游戏、SNS、视频等，参与或是观看的网友众多，是网络人气最旺的地方之一，而且，网友的使用黏性很强。这种特点，决定了游戏、SNS、视频很适合进行植入营销。

如可口可乐和《魔兽世界》之间的合作，为广告主提供了一个不错的范例。《魔兽世界》与可口可乐在产品上似乎没有太多的互补性，然而其目标消费群体却与可口可乐瞄准的消费群体并无二致。《魔兽世界》虚构了一个庞大的虚拟世界，里面有奇怪的种族和职业、发达的商业体系和美丽而丰富的三维场景。游戏中的人物可以在“酒店老板”处购买可口可乐来“增添能量”，这种植入式的广告形式，今后将会越来越多地应用到网络游戏中。植入营销的效果良好。

3.即时通讯（IM）、邮箱等病毒式营销

病毒营销是一种形象的说法，是指通过利用公众的积极性和人际网络，让营销信息像病毒一样传播和扩散，营销信息被快速复制传向数以万计、数以百万计的受众。这种方式可以通过电子邮件、聊天室交谈、在网络新闻组或者消费者论坛发布消息进行营销。

企业也可以在进行即时沟通时，或在QQ群中，发布一些产品信息、促销信息，或者可以发布一些网友喜闻乐见的表情图片，同时

加上企业要宣传的标志等。

2007年6月，农夫茶牵手腾讯，尝试以一种新型的用户沟通方式进行营销，通过互联网中一系列"QQ品牌空间"活动，短短两个月内品牌空间浏览量达到3200万，实现了农夫茶在消费群体中的全面曝光。

农夫茶首先建立了主题的官方空间，以此作为整个营销活动的基地，随后立即开展了"梦幻爱情show博客"活动，数千万QQ空间用户通过这个活动与大家共同分享自己的心动故事、暗恋经历、爱情观点。作为整体活动的先锋，此次博客活动也同时受到过千万用户的关注，在QQ空间、QQ消息、腾讯网以及QQ机器人的全方位推广下，实现了活动全方位的持续火热。在品牌空间中，用户可以参与其中发表看法和意见，如农夫茶的"梦幻爱情show博客"活动，每个用户都可投票选举自己心目中的浪漫博文，这使得QQ空间成为一个可触及的媒体。

每一个参与者都在其QQ空间中获得"农夫茶挂件"一个，高挂在空间首页，用来识别参赛身份，数十万参与者由此带动了上千万农夫茶品牌受众，这无疑又成就了一次极具"连锁效应"的广泛品牌传播。

在随后的系列活动中，腾讯的QQ空间通过特色活动，将农夫茶的此次"极致浪漫"的网络营销推向了高潮，充分发挥了超级人气产品基础之上，直复式营销和创新型网络营销的特点。

4.微博营销

微博是一个新兴的网络工具，也是一个新的网络媒体，它的出现引起了各大网络巨头的极大关注，也引发了广大网民的极大兴趣。与传统网络工具不一样的地方，微博由于与手机相结合，形成了一种超强的互动功能。网上有人这样说："如果你还没织'围脖'，你就有点落伍了；如果你还不知道啥叫'围脖'，那就彻底OUT了。"2010年，被称为"围脖元年"，这种140字处理个人文字或图像、能通过手机随时随地更新的微型博客，如新浪潮一样汹涌而来，席卷大小名人、网罗大众。新浪、腾讯等微博覆盖人数已超1.2亿，受关注度直逼央视。微博营销，正在成为一种新的营销工具。

温州豪士葳酒业老板陈嘉诚也早早发现了"围脖"商机。2010年9月，他开始在新浪微博上推广洋酒，编发了一条织"围脖"可获澳洲红酒奖励的消息。此"围脖"一出，应者甚多，赞赏者有之，好奇者有之，质疑者有之。总之，博得了眼球。

"直接通过微博销售出去的红酒有4箱，为我带来了近300元的利润。利润虽少，但相信积累到更多粉丝后会有大的改观。"陈嘉诚说，他还有很多销售渠道，但亦看好微博平台，铆足劲儿织"围脖"肯定能织来更多真金白银。

还有一家温州企业天正集团是最早经新浪微博官方认证的温州企业。

2010年3月15日织出第一条"围脖"，尝试与客户、消费者有更好的互动。10个月来，粉丝数已达7000个。

"目前，已有两个微博粉丝成了我们的零售商，还有几个在洽谈中。"天正集团办公室负责人、维护企业微博运作的吴昊说，微博是企业新窗口，塑造自身形象、推广产品的同时，也可与老客户和潜在客户进行便捷的交流。吴昊还特地让销售部对他们的零星采购采用了下浮价，以回馈他们的关注。

网络营销是一个全方位的推广平台，现在网络营销大概以下几个新的传播渠道：

品牌网络广告：以新浪、搜狐、腾讯、网易等知名综合门户网站及搜房、中国汽车网、硅谷动力、太平洋电脑网等一线行业网站为主。

关键词广告：或者叫搜索引擎营销、关键词竞价排名、SEO（搜索引擎优化），以百度、Google、雅虎等为主。

电子商务平台推广：以阿里巴巴、慧聪、环球资源等第三方电子商务服务商（B2B电子商务平台）为主，提供了买卖通、诚信通、中国供应商等标准化的产品与个性化的服务。

广告联盟与窄告：也即通过一套系统能将广告主需要投放的推广信息发布到多个网站上。

群发软件：如邮件群发、短信群发、BBS帖子群发、供求/商机信息群发、评论群发、博客日志群发、QQ群发、MSN群发等，这一块的普及范围很广，用户的使用率也很高。

自助建站与自助推广：主要面向供应商、客户或者企业产品（服务）的消费群体，以提供某种直属于企业业务范围的服务或交易，或者为业务服务的服务或者交易为主。

网络营销具有传播范围广、速度快、无时间地域限制、无时间版面约束、双向交流、反馈迅速等独有的特性，不仅营销信息传播的效率高、效果好、信息覆盖面广，而且能够明显降低企业营销信息传播的成本。网络营销将成为温州中小企业绝佳的营销平台。

第十六章 温州人的出路六：资本运营，温州人的新机会

◎资本运营是这个时代，最具有竞争力的运营手段之一。

◎新兴产业，是未来最有发展机会的产业。温州企业在进入新兴产业之前，一定要确定自身的投资能力和管理能力是否能跟上，否则将淘金不成，反亏损。这种案例在今年倒闭或亏损的企业中比比皆是。

资本运营+实业，助力传统产业转型升级

资本运营是这个时代，最具有竞争力的运营手段之一。诺贝尔经济奖获得者、美国经济学家史蒂格勒曾说过：纵观世界上著名的大企业、大公司，没有一家不是在某个时候以某种方式通过资本运营发展起来的，也没有哪一家是单纯依靠企业自身利润的积累发展起来的。资本运营，已经成为了未来企业竞争战略的重要手段。无论是新兴经济公司如网络机构百度公司，还是传统行业的公司如机械制造公司三一集团，都是通过上市融资，迅速扩张成为行业龙头企业的。

1999年底，身在美国硅谷的李彦宏看到了中国互联网及中文搜索引擎服务的巨大发展潜力，抱着技术改变世界的梦想，他毅然辞掉硅谷的高薪工作，携搜索引擎专利技术，与徐勇一同回国，并于2000年1月1日在中关村创建了百度中国公司。百度目前是全球最大的中文搜索引擎。百度公司从最初的不足10人发展至今，员工人数超过10000人。如今的百度，已成为影响力最大的中文网站之一。

2005年8月5日，百度在美国纳斯达克上市，其上市当日，即成为该年度全球资本市场上最为耀眼的新星，通过数年来的市场表现，其优异的业绩与值得依赖的回报，使之成为中国企业价值的代表，傲然屹立于全球资本市场。2011年3月24日百度市值收盘报

460.72亿美元，超过腾讯。而李彦宏本人也成为福布斯中国富榜的亚军。

如果说，百度公司与温州人不太沾边的话，那森马公司的上市，却是对温州人有深刻影响的。

1996年，邱光和在服装公司林立的温州创办森马公司。当时，森马公司可谓是后生晚辈。然而，2011年森马服饰冒险在股市整体疲软的情况下上市。凭着绝对控股权，当时邱光和家族手中的持股市值达到373.2亿元，演绎了温州人新的财富传奇。在2011年胡润百富榜中，邱光和家族排名第十位。

温州当前的经济状况显示，温州企业最大的问题就是：缺钱！而资本运作，就是解决资金问题最有效的方式之一。温州传统产业的竞争力正日益受到前所未有的挑战，迫切需要转型和升级。转型升级有两条重要途径：一是通过改善经营管理，优化企业内部资源配置，增强企业的市场竞争能力；二是通过资本运营，在更大范围、更高层次上进行资源重新配置，从而实现企业重组和扩张。其中，当前情况下资本运营在温州传统产业历史性的转型升级中发挥的作用尤其重要，而且空间和潜力巨大。

温州恒生资产管理有限公司董事长黄伟建一直从事运用资本运营手段改造传统产业的工作。他说："我从来没有说过要进入房地产行业，也不会参与类似于煤矿那种周期性很强的行业，别人赌一把就走，而我喜欢做持续性强的行业。"他领导的产业基金通过资本收购，将海外新技术嫁接国内传统行业，进而带动国内产业升级的发展之路。他对浙江浪潮的收购便是典型的案例。

浙江浪潮是用碳粉锯末生产蚊香的企业。由于蚊香市场早已饱和，恶性竞争不断，浙江浪潮濒临破产。

2007年3月，恒生资产收购了浙江浪潮，并更名为杭州韵庭日用品有限公司，并利用国外用废纸生产蚊香的技术，对老浙江浪潮的生产线进行技改。生产线新产品不但符合环保要求，而且生产成本下降了30%，燃烧时间多出25%。

黄伟建取得了成功。技改后的蚊香新产品在世界蚊香大会上引起了轰动，现在每天订货量高达7万箱，而其只能生产2万箱。

黄伟建表示："该专利技术我买了10年的使用权，当年3月份收购浙江浪潮，4个月技改，7月份就投产了。蚊香不受经济危机影响，需求刚性。虽然利润仅有7%，但产量很大，目前一年有六七亿元的销售额。"据黄伟建调研，这种蚊香在全球有600亿元的需求，因此他准备明年在国外继续建厂。

浪潮的成功，让黄伟建大为振奋，他准备把这种模式复制到濒临倒闭的国内淋浴器生产企业，因为他持有的一个纳米水处理的技术通过了水利部的鉴定。该技术令水分子富含负氧离子，可以洗刷油漆，对女性的美容、皮肤保养也很有益。

事实说明，资本运营已成为现代企业家的基本素养和能力指标。企业家要适应新的形势和变化，不仅要能做好实业，还要会投资，会资本运营。正如温州中小企业发展促进会会长周德文所言："温州人本身很热衷投资，温州经济发展到今天这个程度，要从实业家逐步转到投资家，温州的老板不能只是做实业。实业是基础，要做扎实，但是你还要找投资的路线，使它和基本经营的东西相结合，才能够符合外部环境的新要求。”

新兴产业，温州资本新的淘金地

新兴产业，是未来最有发展机会的产业。温州人自然不会放过这个发财的机会。但新兴产业也是考验投资人眼光和实力的行业。温州企业在进入新兴产业之前，一定要确定自身的投资能力和管理能力是否能跟上，否则将淘金不成，反亏损。这种案例在今年倒闭或亏损的企业中比比皆是。

国家确定现阶段重点发展的七大战略新兴产业：节能环保、新一代信息技术、生物、高端装备制造、新能源、新材料和新能源汽车。其中，新能源产业因为资本容量大，发展空间广阔，令温州资本情有独钟。温州上市公司华仪电气便是投资新能源产业的典型代表。

华仪电气原来靠高压电器、接地开关起家。该公司看到，在油价高企，能源紧张的背景下，市场对风电的需求强烈，而且，风电产业受经济危机的影响较小。从长远来看，石油是不可再生的，风电是必须要发展的。

此外，2008年8月份，财政部公布实施了《风力发电设备产业化专项资金管理暂行办法》，规定对符合支持条件企业的首批50台兆瓦级风电机组，按600元/千瓦的标准予以补助，1.5兆瓦级风电机组，相当于每台补贴90万元。

从国外来看，国外风电发电量占发电总量的10%以上，而中国连1%都不到，10年内风电行业将呈高成长态势。

正是看好风电的大好前景，2007年12月，该公司的1.5兆瓦风机项目立项，2009年二季度开工建设，2010年年初投产，设计产能为年产1.5兆瓦风电机组300台。

同时，华仪电气还投资组建黑龙江梨树风力发电有限公司，注册资本1亿元。2011年，华仪电气决定向全资子公司华仪风能有限公司增资6.3亿元，使华仪风能注册资本由3.3亿元增至9.6亿万元，加大风电投资。其中，5亿元及其利息用于增资上海华仪风能电气有限公司，用于建设3兆瓦风力发电机组高技术产业化项目和上海华仪风电技术研究院项目；其中1.22亿万元及其利息用于增资北京华时新能风电工程有限公司，建设风电一体化服务项目。

华仪电气风电业务的迅猛发展，使其风电业务收入占公司主营收入的比重也快速上升，已经实现从单一电力开关设备产品向电气和风电二元业务的转型。

不仅是新能源领域，温州商人一看到带“新”字的产业就两眼放光。

刘顺峰原本只是温州一个经销电子元器件的小老板。有一天，他看中了一种全新的插芯，不惜负债数千万投入研发。这种产品叫做“氧化锆陶瓷插芯”，它是光通信产业这一新兴产业中的核心连接件，由日本少数几家企业垄断。

刘顺峰拿着这个产品在江苏张家港起步，在发改委、工信部等上级部门的支持下又回温州发展，与温州经济技术开发区签订协议，计划投资12亿元，建设光通信系列产品研发生产基地。项目投产后，有望5年内年产值达到100亿元。

刘顺峰只是温州商人进军新领域的冰山一角。在新兴产业成为市场主流的今天，善于捕捉商机、嗅觉灵敏的温州商人是不会错过这个淘金的“新大陆”的。利用温州庞大的资本资源，先行一步，进入全新的领域，投资新产业，已经成为越来越多温州商人的共识。

温州人如今投资视野不仅限于高科技，文化创意产业、互联网等最具成长性的产业都是他们投资的对象。而其中影响力最大的莫过于，2009年叶茂西收购英国普罗派乐电视台的新闻。

2009年7月11日，温州人叶茂西全资收购了英国本土一家卫星电视台——普罗派乐 (译为螺旋桨)电视台。这也是中国人首次收购西方发达国家的电视台。当时的普罗派乐，在金融危机和经营欠佳双重挤压下陷入亏损。

经过一年多的经营，根据英国网站TvGuide2010年9月份的数据显示，普罗派乐电视台的关注度排名，挤进了英国本土卫视前10位。普罗派乐已慢慢摸索出自己独特的办台风格，稳固了原有受众群，还吸引一大批欧洲本土观众，收视率不断攀升，并且逐渐扭转了亏损局面。

温州人进入文化产业，由原来的少数人行为，将随着文化产业黄金发展期的到来，将演变成为一群人的集体行为。

来自温州民间资本投资服务中心的信息表明，温州商人涉足文化产业已经越来越多。温州人还计划在重庆大手笔投入十几亿元，打造中国版迪士尼乐园。而这个项目的考察团领队就是温州重庆商会会长徐雪。根据统计，2010年，温州至少有上百亿元的资金投到了影视行业，《精武风云》、《异空危情》等影视作品都有温州商人的投资。而动漫、图书等文化产业也将成为许多温州老板的投资选择。

温州人以其独有的视角，正在寻找他们各自认为有发展前景的新兴产业。实际上，新兴产业，不同行业有不同行业的特点和价值，就看投资者是否能操作得了。因此，选择新兴产业，要根据企业自身的情况来选择，而不是一味地跟风。

风险投资，成为温州资本新的蓄水池

近年来，温州资本参与风险投资的热情很高，特别是2007年6月1日，《有限合伙法》正式实施后，风险投资公司的设立在温州风起云涌。据了解，目前已有近1400亿元温州民间资金涌入了风投领域。风险投资正成为温州资本新的蓄水池。

风险投资（Venture Capital，简称VC）是一种长期的、流动性差的权益资本。一般情况下，风险投资家不会将风险资本一次全部投入风险企业，而是随着企业的成长不断地分期分批地注入资金。

风险投资家与银行家不同，他们不仅是金融家，而且是企业家，他们既是投资者，又是经营者。风险投资家在向风险企业投资后，便加入企业的经营管理。

温州人有钱、会赚钱是全世界都知道的事情。然而，你可能想象不到，这个几乎全民皆商的城市，今天却成了VC、PE生长的沃土，上千亿民间“游资”正瞄准创投业，“实业”和“投资”两条腿走路成为更多企业家的选择。

作为登陆创业板的首位温州富豪，金亚科技董事长周旭辉的14亿资本运作尽显温商本色。

1999年11月1日，周旭辉的弟弟周旭忠与其他两位合伙人黄寿荣、何哲平共同出资，成立成都金亚高科技有限公司，公司注册资本220万元，其中周旭忠持股50%，其他两位合伙人各持股25%。

2000年9月1日，黄寿荣将其持有的25%股权全部转让给周旭忠，周旭忠的持股比例达到75%。

2004年，周旭辉受让了周旭忠所持的75%股份，正式以董事长身份执掌金亚高科。在周旭辉的带领下，金亚科技已成为国内少数能为数字运营商提供端到端的整体解决方案的厂商之一。

2006年8月18日，《数字电视地面广播传输系统帧结构、信道编码和调制》被正式批准为强制性国家标准，并于2007年8月1日正式实施。这一酝酿了5年才出台的数字电视地面传输标准，被认为将带动一个规模超千亿的产业发展。

周旭辉虽然很早就看到这个产业存在的巨大商机，但此时的金亚科技，在数字电视整个传输的产业链中，产品多集中在终端，利润最高的前端设备并未太多涉足。周旭辉团队经过慎重考虑后，决定开始研发前端设备。

此时摆在周旭辉面前的是资金不足这一大难题。但是，作为一名温商，周旭辉在资本运作上的长袖善舞却得到了淋漓尽致的发挥。2006年9月，周旭辉南下深圳，一个月的时间里召开4场推广会，向风投们推广自己的公司。

2006年10~11月，通过股权转让引入新投资者，周旭辉将公司注册资本从3220万元扩大到4293万元。一年后，他又从浙江一带吸引了4家投资公司和两位自然人增资，注册资本增至4830万元，他个人的持股比例由当初的75%下降到44.44%。

作为一名温商，周旭辉成功成为创业板富豪，凭借的除了研发技术、销售模式之外，对资本的敏锐和运用更是他的取胜之道。

首华创投的林阿信也是一个典型的温州投资家，有着丰富的创业经历和实业经验。如今，他终于等来了温州的机会，手握几亿元在不断寻找投资项目。

林阿信是一个典型的骨子里有着创业激情的温州商人：在以战略眼光选择VC前，学生时代就开始经商，他是在高中时代就开始兼做电风扇生意并把电风扇卖给老师的聪明学生；毕业就当老板，经营温州第一家磁性写字板厂获得第一桶金。他是敢幻想也敢拼搏，坚持“异想天开、脚踏实地”座右铭的奋斗者。

如今，他被称为温州VC的先行者。他自豪地说：“这是一个其乐无穷的江湖。”

2006年3月，首华创投作为第一家温州民营资本成立的VC落户上海，在有“跟风”传统的温州，林阿信却孤零零地找不到志同道合的朋友。但他坚信进入VC的时机已经来到。

林阿信曾坦言自己喜欢做天使投资人：“把一个小企业做大，就像点石为金。有好产品的小企业，价格合理，就是好项目。做风投最难的，就是找到好项目。我对投资哪些领域并无限制，创投本身就是金融模式的一种创新，何必限定框架呢？”

摸爬滚打了两年多，林阿信总结，做私募基金要具备三个条件：“首先，要让LP明白钱用来干什么；其次，要具有一定的量的项目积累，做人的口碑，团队的经营能力；最后，这是有钱人的游戏，你自己必须先富，然后才能帮别人挣钱。”

作为出生于温商的VC，林阿信直言：“温州的资金市场很发达，资本市场却不成熟。但有一点，温州人一旦认识到机会已到，什么行业都能干得好。现在的温州已经觉醒，正在以加速度发展。

我也希望为培育这个市场做些事情。”

近年来，以“炒”名动天下的温州资本曾经被视为“祸水”，所到之处，无不谈其色变。现在，温州人逐渐意识到资本市场的巨大作用，开始通过风险投资等将这些躁动的温州资本会聚起来，形成更大规模、更大能量和更具理性精神的资本“库”，并将其引导到更具投资前景和投资价值的新兴产业。

温州人的创富智慧向来不容置疑。作为世界工厂，今天的温州企业家正在探索传统产业升级的资本出路。在他们看来，温州的机会已经到来。

后记：温州人未来的赛跑

有两个人在树林里过夜，早上，突然树林里跑出一头黑熊，一人忙着穿跑鞋；另一人笑话他说：难道你能比黑熊跑得快吗？对方却说：我只要比你跑得快就行了。

这个故事虽然简单易懂，但把它引用在市场竞争上却能说明一个道理：过去的竞争是产品与产品的竞争，比的就是速度。在市场上没有品牌或者有极少品牌的时候，速度就是核心竞争力。发展的速度快可以促进销售，提高效益，不断扩大规模，占领市场，领先别人。

于是，上面的这个故事又有了一个新的版本：

穿跑鞋的这个人生存下来之后，有一天，他又与另外一个人在树林里遇到了黑熊。那个人又拿出跑鞋，穿上后撒腿就跑，另一个人不慌不忙地爬到了树上，并对穿跑鞋的人说：想生存，就要走与对手不一样的路。

从故事的发展中可以得出一个结论：世上唯一不变的就是变化，一成不变的竞争模式只能被淘汰。现在的竞争是品牌与品牌的竞争，比的是个性。市场是千变万化的，凭借速度只能保证一时领先，要想持久领先，就必须改变竞争模式。在市场同质化越来越严重的今天，能够真正让消费者来买你的产品，阻止消费者买别的产品的力量是品牌。因为，产品很容易被别人模仿，但品牌不容易被别人复制。

如今，又流传了一个新的故事：

有一天，这头饥饿的黑熊在树林里找不到食物，就来到海边，正巧遇到了一只鳄鱼。黑熊对鳄鱼说："你敢上来，我就能把你吃掉。"鳄鱼说："你别太猖狂，你敢下来，我就能把你干掉……"

从这个故事中，我们可以看得出，黑熊与鳄鱼各自的优势都非常明显，但决定胜负的不在于谁的优势更大，而关键在于战场在哪里？未来的竞争是战略与战略的竞争，比的是格局。谁的格局空间大，谁就会取胜。

今天的温州经济形势，就像上面的故事一样，每天都在变化。过去温州的成功经验，不一定能适应未来的竞争。因为今天已经不是大鱼吃小鱼的时代，而是狮子吃老虎的时代；不是不进则退的时代，而是慢进则退的时代。

无论是过去，还是未来，温州精神是永存的！温州企业需要在新的经济形势下，进行二次创业！

本书的出版，要感谢家人、众多企业家朋友和出版界朋友的支持！还要感谢我所参考读物的作者，他们精彩的观点，为我提供了写作的灵感！在写作本书时，参考了大量的作品和资讯，由于时间仓促，未能一一注明出处，敬请原作者谅解。

作为一名温州人，笔者在写作本书时，反复沉浸在温州的历史与现实中，既为创造温州辉煌篇章的温州人而感到自豪，也为温州当前的困境感到焦虑。想到故乡企业家们现在的处境，也想为他们多出一分力。因此，笔者冒昧提出一些个人浅显的见解，希望能带给他们一些有益的帮助。

2011年，虽然温州企业面临着极大的困境，但我仍然坚信，勇敢坚强的温州人能走出这场前所未有的经济困局。

温州人之所以能取得过去的辉煌成就，并不是因为过去有多少积累，而是抓住了历史赋予温州人的机遇。因此，我更相信，聪明智慧的温州企业家，能创造新的温州奇迹！